단단한 삶을 위한
## 자신감 저축

YARITAI KOTO GA DEKIRU WATASHI NI NARU JISHIN CHOKIN
Copyright © 2024 by Mayumi ARIKAWA

All rights reserved.
First original Japanese edition published by PHP Institute, Inc., Japan.
Korean translation rights arranged with PHP Institute, Inc.
through EntersKorea Co.,Ltd.

이 책의 한국어판 저작권은 ㈜엔터스코리아를 통해 저작권자와
독점 계약한 ㈜다빈치하우스에 있습니다. 저작권법에 의하여 한국 내에서
보호를 받는 저작물이므로 무단전재와 무단복제를 금합니다.

하고 싶은 일을 해내기 위한 작은 시작

# 단단한 삶을 위한
# 자신감 저축

아리카와 마유미 지음
윤경희 옮김

더페이지

**Prologue**

# 자신감은 날마다
# 조금씩 쌓아 가는 것이다

　자신감이란 결국 '저축'과도 같습니다. 자신감을 처음부터 가지고 태어나는 사람은 없어요. 차곡차곡 돈을 모아 가듯이 자신감도 조금씩 모을 수 있다는 뜻이지요.
　혹시 지금 '무얼 할 자신이 없어…' 하며 주저앉아 있지 않나요? 그렇다면, 기쁜 소식을 하나 전하려 합니다. 자신감은 생각보다 빨리 '저축'할 수 있다는 사실이죠.

　하루하루의 일상에서 비록 남들 눈에는 별 볼 일 없어 보일지라도 '내가 하고 싶은 일을 할 때' 자신감은 조금씩 쌓입니다. 그렇게 자신감을 쌓다 보면, 큰 도전을 앞두었을 때 '왠지 할 수 있을 것 같은, 그런 마음이 들어'라며 소위 '근거 없는 자신감(근자감)'도 생겨나요. 그렇게 자신감이 점점 온몸에 촘촘히 쌓이고 쌓여, 마침내 삶을 적극적으로 대하는 긍정적 사이클로 발전하게 되지요.

여기서 누군가는 '어어? 잠깐만, 근자감이라고? 그래도 돼…?'라며 고개를 갸우뚱할지도 모르겠어요. 그런데 솔직히 말하면 '근거 없는 자신감'만큼 힘이 센 녀석도 없답니다. 눈앞에 있는 일만이 아니라 무슨 일이든 어떤 상황에서든 자신의 힘을 믿고 행동할 수 있게 만들거든요.

'근자감'을 가지면 다음과 같은 '혜택'을 누리게 됩니다.

- '일단 해 보자'라며 다양한 일에 발 벗고 나서게 돼요.
- 타인의 평가와 상관없이 나 자신을 좋아할 수 있어요.
- 내 모습 그대로 당당하게 타인을 대할 수 있어요.
- 실수하거나, 실패하더라도 재빨리 평정심을 찾을 수 있어요.
- 미래를 향한 불안, 과거에 대한 후회가 사라지고 지금에 전념하게 돼요.
- 나만의 '오리지널리티'를 계발하고 성장을 즐기게 돼요.
- 매일을 기쁨과 감사로 채우며, 웃을 일이 많아져요.

결국 인생이 잘 되는지, 인생에 만족하는지도 '나 자신을 믿을 수 있는가'에 달려 있지 않을까요?

### 문득 이런 생각을 해 본 적이 있나요?

'저렇게 재능이 많은 사람, 잘생긴 사람은 얼마나 자신감이 빵빵할까? 좋겠다!'
'일도 잘하고 연애도 잘하는 사람은 그냥 막 얼굴에서 빛이 나는 게, 자신감 넘쳐 보여.'
'주변의 박수를 받게 되면 분명히 자신감이 붙을 거야'
그래서 본인도 자신감을 키우기 위해 '나도 저렇게 성과를 올려야지' '능력 있는 사람이 될 거야'라며 하루하루 열심히 노력하고 있지는 않나요?

솔직히 예전에는 저도 자신감을 키우기 위해 남보다 몇 배 더 노력을 기울였어요. 노력하면 뭐든 이룰 수 있을 거라고 생각했거든요. 그래서 열정만큼은 그 누구에게도 뒤지지 않기로 마음먹고 노력하고 또 노력했지요. 그러나 '뛰는 놈 위에 나는 놈이 있다'라는 속담처럼, 내가 아무리 열심히 노력해도 나보다 더 노력해서 성과를 내는 사람이 있다는 것을 알게 되었고 자신감이 점점 바닥으로 곤두박질쳤어요. 남들에게 인정받는 능력자가 되고 싶어서 노력을 쏟아부었으나 마음만 겉돌고 현실은 만만치 않았던 것이죠. 결국 내가 꿈꾸던 '이상적인 나'에서 점점 멀어지기 시작했어요.

그뿐만이 아니었어요. 실수했을 때, 결과가 좋지 않을 때, 상사에게 호되게 질책당했을 때, 주변 사람에게 거절당할 때면 그동안 조금씩 쌓아 온 자신감도 단박에 무너졌고 오랫동안 큰 상처로 남았어요.

이처럼 좋은 일이 있으면 자신감이 쑥 오르고 나쁜 일이 있으면 와르르 무너지기를 반복하다가 마침내 깨달은 것이 있어요. '지금까지 잘못된 방법으로 자신감을 쌓기 위해 노력했다는 것'과 '자신감에 대해 단단히 오해하고 있었다는 것'이죠.

진짜로 자신감이 있는 사람은 특별한 능력을 갖췄거나 큰 성공을 경험한 사람, 모두에게 칭찬받는 그런 사람이 아니었어요. 오히려 실패한 나, 좌절한 나, 인정받지 못한 나, 과거에 따돌림 받았던 나일지라도 '그저 나를 믿는 사람'이었습니다. 남들이 뭐라 해도 '나라서 좋다'라고 자신의 가치를 인정하고 '나는 어떻게든 살아갈 수 있다' '나도 할 수 있는 게 있다' '행복해지는 것도 가능하다'라는 밝은 희망을 갖는 사람 말입니다.

## '뭐든 잘될 거야'라는 생각이 곧 자신감은 아니다

아직도 많은 사람이 업무, 인간관계, 연애, 학교 공부에서 '나는 반드시 잘할 수 있어'라고 생각하는 걸 자신감이라고 여깁니다. 그런데 이쯤에서 한 번 생각해 볼까요? 반드시 잘해야 한다고 여기기 때문에 오히려 한 발짝도 내딛지 못하는 게 아닐까요? 하지만 세상은 해 보지 않으면 알 수 없는 것투성이고 '잘해야지'라고 생각해도 현실에서는 마음먹은 대로 통제할 수 없는 일이 무척이나 많습니다.

그러니 백 퍼센트 잘할 자신이 없더라도, 목표를 이루기 위해 할 수 있는 것을 행동으로 옮겨 보세요. 당연히 한 번에 잘 되지는 않을 거예요. 여러 번 다시 해야 하고, 반복해서 시행착오를 거쳐야 하죠. 하지만 그렇게 움직이다 보면 어느새 자신감이 차곡차곡 쌓이고, 점점 '이렇게 하면 될 것 같아!'라는 확신이 들면서 마치 막힌 길이 뻥 뚫리는 것 같을 거예요. 그럴 수밖에 없지 않을까요.

머리로만 생각할 뿐 몸을 움직이지 않으면 아무리 '반드시 잘 해내고 말겠다'라고 다짐해도 '자신감 저축'은 쌓이지 않아요. 사실, 다짐이란 것은 무척이나 허약해서 외부 조건에 쉽게 흔들리고 말아요. 따라서 자신감이 있기 때문에 움직이는 게 아니라, 움직이기 때문에 자신감이 생긴다는 사실 역시 반드시 기억해야 해요.

지금까지 뭘 하든 자신 없어 했다면, 이제부터는 조금씩이라도 몸을 움직여 보세요. 움직일 때마다 짤랑짤랑하고 쌓이는 '자신감 저축'의 메커니즘을 알게 되어, 하고 싶은 일을 가벼운 마음으로 시작할 수 있을 테니까요. 자신을 믿을 수 있게 되면 '있는 그대로의 나'로 살 수 있고 차츰차츰 성장할 수 있어요.

솔직히 말해 '자신감 저축'은 돈을 모으는 것보다도 훨씬 가치 있는 자산이에요. 나의 꿈과 목표를 실현하기 위한 것이자, 행복해지기 위한 것이니까요. 그렇다면 '자신감 저축'이 무엇인지, 저축을 늘리기 위해서는 어떻게 해야 하는지 1장에서부터 구체적으로 살펴볼까요.

## Contents

**Prologue**
자신감은 날마다 조금씩 쌓아 가는 것이다 ···· 6

## 누구든 실천할 수 있는 '자신감 저축'의 핵심 원리 9가지

- 01  '일단 해 보자'를 습관화한다 ···· 19
- 02  움직이기만 해도 저축이 된다 ···· 23
- 03  하고 싶은 일을 '하면' 저축, '하지 않으면' 빚 ···· 28
- 04  빚이 쌓여도 순식간에 갚을 수 있다 ···· 33
- 05  마이너스에서 탈출하면, 저축은 큰 폭으로 회복된다 ···· 37
- 06  한 번 자신감을 잃었다고, 저축이 바닥나지는 않는다 ···· 42
- 07  조금 어려워 보이는 것에 도전하면, 특별 보너스 ···· 47
- 08  쌓아 둔 자신감은 언제 어디서든 사용할 수 있다 ···· 52
- 09  자신감 저축에는 'Do 저축'과 'Feel 저축'이 있다 ···· 57

# 자신감 있는 사람의 남다른 '자신감 저축법' 10가지

10 성공은 크기보다 횟수가 더 중요하다 ........ 63
11 어려운 일을 하기보다 작은 일도 끝까지 한다 ........ 68
12 세상의 평가에 미련을 두지 않는다 ........ 73
13 사람은 쉽게 변하지 않는다는 말을 믿지 않는다 ........ 78
14 싫지만 마지못해 하기보다 가슴이 시키는 일을 한다 ........ 83
15 남과 다른 일, 나만이 할 수 있는 일 하기 ........ 88
16 '난 안 돼'라고 생각하는 한, 비참해질 수밖에 없다 ........ 93
17 자신 없더라도 일단 자신 있게 행동한다 ........ 98
18 해 본 적 없어서 불안해도 자신감 제로는 아니다 ........ 103
19 '다른 사람을 위해서'보다 내 선택을 따르기 ........ 108

# '자신감 제로'가 되지 않는 멘털 관리법 9가지

20 평정심을 되찾고 '지금'에 집중하기 ........ 115
21 부정적인 감정이 가라앉길 기다리기 ........ 120
22 내 의지로 통제할 수 있는 것에 집중하기 ........ 125

| 23 | 콤플렉스를 나만의 개성으로 승화시키기 | 130 |
| 24 | 받아들이기 힘든 실패에서도 의미 찾기 | 135 |
| 25 | 미래를 걱정하지 않는 사람이 알고 있는 것 | 139 |
| 26 | 좋아하는 일을 지속할 만한 자극 만들기 | 144 |
| 27 | 우회로를 즐길 줄 알면, 할 일이 많아진다 | 149 |
| 28 | '내려놓는 것'을 두려워하지 않기 | 154 |

# 인간관계에서 자신감을 저축하는 법 10가지

| 29 | 두려움을 버리면, 애정과 신뢰가 싹튼다 | 161 |
| 30 | 기쁘게 베풀면, 자신감도 두둑해진다 | 166 |
| 31 | 남에게 신경 쓰기보다 나부터 마음을 열자 | 171 |
| 32 | 상대방이 하지 않길 바라는 것은 나도 하지 않기 | 176 |
| 33 | '남을 용서하는 마음'이 필요할 때가 있다 | 182 |
| 34 | 타인을 대하는 방식을 바꾸면 자신감도 '짤랑' | 187 |
| 35 | 'NO'라고 확실히 말하기 | 192 |
| 36 | '마음이 놓이는 관계'에서 자신감이 샘솟는다 | 197 |
| 37 | 나와 다른 타입의 사람과 만나기 | 202 |
| 38 | 편안함의 틀을 깨고 변화에 익숙해지자 | 207 |

# 자신을 믿고 멋진 인생을 만드는 법 8가지

- **39** 한 치 앞을 모르는 인생, 일단 한 걸음 내디뎌 보자 ······ **215**
- **40** 자신 없고 두렵다면, 잘 되는 방법을 배우자 ······ **220**
- **41** 이미지를 그리면, 실현할 힘도 생긴다 ······ **225**
- **42** 도전하는 모습만큼 매력적인 것도 없다 ······ **230**
- **43** 지금, 여기에 집중하는 감각을 기르자 ······ **234**
- **44** 그래도 야망이 있는 편이 인생은 재미있다 ······ **239**
- **45** 나만의 미학을 가지고 행동한다 ······ **244**
- **46** '나는 훨씬 더 멋지다'라고 믿고 행동하자 ······ **249**

# 1장

## 누구든 실천할 수 있는 '자신감 저축'의 핵심 원리 9가지

누군가는 날 때부터 자신감을 가지고 있고, 누군가는 가지고 있지 않은 건 아니에요. 지금 자신감이 없거나, 자신감이 마이너스 상태라고 해도 걱정할 필요 없어요. 자신감도 저축할 수 있으니까요.

자신감은 움직이는 만큼 생기고, '하고 싶은 일을 할 때' 쌓인답니다. 자신감이 마이너스 상태라고 해도, 일단 회복하면 큰 폭으로 상승해요. 저금통에 동전을 넣어 저금하듯이, 자신감도 차곡차곡 쌓이면 언제 어디서든 쓸모가 있어요.

> 인생을 바꾸는 마음의 저축

# 01
# '일단 해 보자'를 습관화한다

**점점 더, 세상 모든 일에 자신이 없어진다고요?**

우리는 늘 "자신 없어…." "못 할 것 같아…."라고 입버릇처럼 말합니다. 하지만 세상 모든 일에 자신이 없다고는 여기지 않아요. 건강에 정말로 큰 문제가 있어서 "화장실까지 걸어갈 자신이 없어." "이 닭을 자신이 없어." "숨을 들이마시고 내쉴 자신이 없어."라고 일상의 어려움을 호소하는 것이 아니라면 말이죠.

그렇다면, 누구나 자신감은 있는 것이죠. 아니, '자신감이 있다'라는 사실조차 의식하지 못한 채 습관처럼 매일 당연하게 행동하고 있는 게 아닐까요.

　우리가 지금 자신 있게 해내고 있는 일들은 깊이 생각하지 않고도 간단히 해 온 것들이에요. 반대로, 해 보지 않은 일에는 자신감이 생기지 않죠. 만일 다른 사람 앞에서 발표하는 것에 자신이 없다면, 그것은 단지 자주 경험해 보지 않았기 때문이에요. 따라서 다른 사람 앞에서 말할 기회가 많아지면 확실히 해낼 수 있게 되는 거죠.

　가령 요리하기, 30분 만에 외출 준비 끝내기, 자동차 운전하기, 엑셀 프로그램으로 표 만들기, 영어로 인사하기 등은 해 보면 경험이 쌓이고, '저축'이 짤랑짤랑하고 모이듯이 자신감도 점점 불어납니다. 다시 말해, 자신 없어도 '일단은 해 보자'라고 마음먹고 행동하면, 자신감이 점차 자라나고 불안과 스트레스가 사라지는 것이죠.

　공자는 『논어』에서 "사람의 본성은 서로 비슷하지만, 습관에 따라 큰 차이가 생긴다."라고 말했습니다. 사람이 태어나면서 갖게 되는 천성은 큰 차이가 없으나, 매일 반복하며 형성된 습관과 그간 받아 온 교육에 의해 크게 달라진다는 뜻이에요.

## 나를 믿고 '하고 싶은 일'을 실천해 보세요

익숙하게 숙달되어 있다는 건 그저 '반복'해서 그런 것이고, 서툰 것은 '반복하지 않아서'일 뿐이에요. 따라서 '앞으로 나아가기(움직이는 것)'와 '반복하기'를 통해 자신감을 차곡차곡 쌓아 가야 해요. 돈을 저축하듯 이것도 쌓이면 쌓일수록 할 수 있는 것이 늘어나요. 단, 돈을 저축하는 것과 자신감을 저축하는 것에는 큰 차이점이 있어요. 돈은 꺼내 쓰면 줄어들지만 '자신감 저축'은 꺼내 써도 줄어들지 않아요. 내 안에 쌓아 둔 자신감은 쓰면 쓸수록 더 쌓일 뿐 결코 없어지지 않습니다.

▶ **자신감 저축의 7가지 특징**
1. '움직이는 만큼' 자신감이 쌓인다.
2. 하고 싶은 일을 '하면' 저축이 되고, '하지 않으면' 빚이 된다.
3. 빚이 쌓였더라도 눈 깜짝할 사이에 갚을 수 있다.
4. 마이너스에서 벗어나면 자신감 저축은 큰 폭으로 쌓인다.
5. 일시적으로 자신감을 잃더라도 저축은 제로가 되지 않는다.
6. 조금 어려워 보이는 일에 도전하면 특별 보너스가 생긴다.
7. 쌓아 둔 '자신감 저축'은 언제 어디서든 사용할 수 있다.

자, 어떤가요? 돈을 모으는 것보다 훨씬 매력적이지요?

나 자신을 믿고 '하고 싶은 일'을 하나씩 하나씩 실현해 나가면 당연히 매일 설레고 즐거워요. '스몰 미션 완수하듯 작은 행동을 하나씩 해 나가는 것=자신감 저축', 이것만 기억하면 첫걸음을 내딛기 어렵지 않아요. 게다가 소중한 것에 시간을 듬뿍 들일 수 있게 되며, 기분에 좌우되지 않고 편안하게 행동할 수 있어요.

원래 인간은 자신감이 충만한 채 태어납니다. '엄마 젖을 먹을 자신이 없어' '쪽쪽이 공갈 젖꼭지를 빨 자신이 없어' '기어 다니는 건 절대로 못 해' 하면서 주저하고 고민하는 아가들은 없으니까요. 자라면서 다른 사람과 비교되기도 하고 부정당한 경험을 겪으며, 마음에 상처를 입고 자신감을 잃어버린 것뿐이죠.

사람은 있는 그대로 존재해야 자신감이 가장 강해지고 아름답습니다. 다시 말해, '자신감 되찾기'는 원래의 자신으로 돌아가는 것이에요.

따라서 1장에서는 우리가 본래 갖고 있었던 자신감을 되찾기 위해 '자신감 저축'을 하는 방법에 관해 자세히 소개하려 합니다.

✓ 자신감을 되찾는 것은, 자신의 힘을 되찾는 것입니다.

'자신감 저축'의 7가지 특징 ①

## 02

# 움직이기만 해도
# 저축이 된다

**자신감 저축, 어렵지 않을까요?**

자신감을 저축하는 방법은 사실 정말로 간단합니다. '하고 싶은 일을 하기'만 하면, 짤랑하고 저축이 쌓이니까요. 예를 들면 평일 아침 7시에 기상하기, 아침밥 챙겨 먹고 도시락 싸기, 학교에 가기 혹은 직장에 출근하기, 퇴근 시간까지 부지런히 일하기, 퇴근 후에 자기계발을 위해 뭔가를 배우기, 휴일이면 보고 싶었던 영화를 관람하거나 그리운 사람을 만나러 가기처럼 말입니다.

이처럼 평소에 하던 것은 앞으로도 계속 자신 있게 할 수 있어요. 즉, '자신이 하려 했던 일을 실제로 하는 것'으로 누구나 무의식중에 자신감을 저축하고 있다는 말이지요. 일단 하고 나면 '야호! 해냈다' '하나 끝냈다'라는 상쾌함이 생겨요. 저의 경우, 아침마다 홈 트레이닝을 했을 때, 이른 아침에 잡다한 업무를 싹 해치웠을 때 '오케이, 오케이 좋았어!' 하며 뿌듯한 마음이 들고 자신을 칭찬하고 싶어져요. 이 기분 좋은 쾌감이 바로 성취감이에요. 그렇게 '나는 나의 기대에 부응할 수 있는 사람이다'라는 만족감과 성취감이 무의식적으로 '인풋' 되면, '자신감 저축'이 짤랑짤랑하고 쌓이게 되죠.

물론 이 하나로 그리 대단한 자신감이 만들어지는 건 아닐 테지만 매일, 매주 되풀이하면 커다란 자신감으로 쑥쑥 자랄 거예요. 그렇게 짤랑짤랑 저축이 쌓이다 보면, 비슷한 급의 다른 일을 만나도 '하, 이 정도야 할 수 있지'라는 가뿐한 마음으로 마주하게 돼요.

반면, '할 생각은 있지만…'이라며 머리로 생각만 할 뿐 뭉그적뭉그적 행동하지 않는다면 자신감은 쌓이지 않습니다. 오히려 조바심, 불안, 자기혐오 같은 마음이 일어나죠. 생각과 행동이 일치하지 않는, 머릿속이 묵직하고 뿌옇게 안개가 낀 듯한 불쾌감이 생기는데 이게 바로 실패 체험이에요. '나는 내 기대에 부응하지 못하는 못난 사람이다'라며 자신에게 실망하고, 실패 체험이 마치 빚진 것처럼 잠재의식 안에 각인되고 말죠.

우리의 생각에는 '의식하고 있는 것'과 '의식하지 못하고 있는 것'의 두 가지가 있어요. 그중 '의식하지 못하고 있는 것'을 잠재의식이라고 해요. 그런데 놀랍게도 인풋 되는 정보의 95% 이상인 매일 8만여 개의 정보가 잠재의식에서 처리됩니다. 이 잠재의식 안에는 우리가 체험해 온 것들, 경험을 통해 형성된 가치관과 쌓아 온 정보들로 만들어진 빅 데이터가 자리 잡고 있어요. 결국 이를 통해 우리가 하는 대부분의 행동과 의사 결정이 자동으로 이루어지죠.

### 누구나 무의식중에 자신감을 저축하고 있습니다

"아니 잠깐, 무슨 소리야? 나는 스스로 생각하고 의식해서 행동하고 있다고!"라는 반론이 들리는 것 같습니다. 하지만 그 의사 결정도 잠재의식 안에 있는 과거의 데이터가 근거가 되어 판단에 막대한 영향을 끼쳤던 것이에요. 이 부분이 다소 어렵게 느껴질지도 모르겠지만, 요점을 한 문장으로 정리하면 다음과 같아요.

"자신을 바꾸고 싶다면 잠재의식을 내 편으로 삼아라."

구체적으로는 '하고 싶은 일을 실행한다'라는 마음으로 작은 행동을 하나씩 하나씩 해 나가는 것입니다. 그러면 자연히 잠재의식 안에 '하고 싶은 일을 해내는 나'라는 자신감이 점점 자라나요.

여기서 잠깐 잠재의식에 '자신감 저축'이 쌓이는 과정을 정리해 볼게요.

- '하려고 했던 것을 한다' → 쾌감(성공 체험) → '결국 해내는 나' → 저축
- '하려고 했던 것을 하지 않는다' → 불쾌감(실패 체험) → '안되는 나' → 빚

반드시 기억해야 할 중요 포인트는 '하기만 하면' 무조건 1점씩 더해진다는 점입니다. 잘했는지 못했는지, 과연 어떤 평가를 받았는지 같은 건 묻지도 따지지도 않으니 신경 쓰지 마세요. 할지 말지 고민될 때는 마치 온라인 게임 한 판 하듯 '포인트나 따러 가지 뭐'라며 하는 쪽을 선택하면 좋겠어요. 천 리 길도 한 걸음부터라고 하잖아요. 자신감을 크게 키우려면 작은 1점

도 차곡차곡 쌓아 가야 하니까요. 사람은 자신이 해야 할 일을 끝까지 완수했을 때 진심으로 만족감을 느끼고, 결과를 담담히 받아들입니다. 최선을 다한 것에 자부심이 있기 때문이지요.

다른 사람이 내리는 평가나 결과가 아니라 매 순간 '내 기대에 따라 움직이는 행동' 그 자체가 결국은 나에 대한 깊은 신뢰감을 만들어 줄 거예요.

✓ '하고 싶은 일'이 있다면, 곧바로 행동하는 것이 기본입니다.

'자신감 저축'의 7가지 특징 ②

# 03

# 하고 싶은 일을 '하면' 저축, '하지 않으면' 빚

**미루는 습관도 자신감에 도움이 될까요?**

어느 학교에서 '자신감'을 주제로 강의했을 때 남학생 하나가 이런 질문을 했어요.

"저는요. 주말마다 숙제 후딱 끝내고 실컷 놀아야겠다고 생각하지만, 실제로는 계속 빈둥거리다가 월요일 아침에 마감 시간을 눈앞에 두고서야 죽도록 해서 겨우 끝냅니다. 제가 봐도 언제나 해야 할 일을 미루기만 하는 것 같아서 스스로 한심하게 여겨지고 자신감도 많이 떨어집니다. 어떻게 해야 할까요?"

질문을 듣고 학생에게 이렇게 물었어요.

"하하, 그래도 월요일 아침에 다 하긴 하네요, 그렇죠?"

"예, 뭐… 어찌 됐든…."

"'아침에 몇 시간 동안 죽도록 하면 끝난다'라는 자신감이 점점 쌓였기 때문이겠어요. 토요일, 일요일에 하지 않는 것은 '지금까지 그랬으니 뭐 어떻게 되겠지'라는 자신감이 생겼기 때문이고요. 그렇다면 월요일 아침에 하는 걸로 아예 결정해 두고, 오히려 그 시간이 될 때까지는 맘껏 놀면 어때요?"

"어, 그런가요…? 그러니까 '일찌감치 끝낸다!'라는 자신감은 줄어들고 '몰아서 막판에 한다'라는 자신감은 점점 강해지고 있었다는 건데…. 그래도 숙제를 하지 않았으니 놀아도 마음이 찜찜하고 스트레스가 되고…. 막판에 하는 건 진짜 너무 위험해서 싫은데요."

"아무래도 그렇죠? 그렇다면, 방법이 없진 않아요."

## 일단 행동하면 자신감은 저절로 따라와요

앞 내용을 복습하는 셈이긴 하지만, '자신의 소소한 기대를 행동으로 옮기면' 자신감이 생기고 '자신의 기대에 따라 행동하지 않으면' 자신감을 잃는다고 했습니다.

질문한 남학생처럼 '할 일 미루기'는 성인에게도 다반사예요.

'부엌 선반 정리를 해야겠구나' 하고 생각한 게 이미 몇 개월 전이고, '영어 회화 공부를 해야지' 한 것도 몇 년 전인 듯싶지요. 생각이 떠올랐을 때 움직이지 않았기 때문에 '막상 하려니 귀찮아'라거나 '괜히 손을 댔다가 하루 종일 걸리면?' 하면서 마음이 점점 돌덩이처럼 무거워져요. 그래서 '지금 말고 나중에'라는 핑계를 대고 방치하기 때문이죠. 이처럼 '해야 하는 일인데도 그저 두고 방치하는' 어중간한 상태는 스트레스가 되어 마음을 짓누르고 자신감도 잃어버리게 만들어요.

그렇다고 '해야 하는 건 알아, 그렇지만 안 하고 싶어'라며 뭉그적거리는 자신을 스파르타식으로 '지금 당장 움직이지 못해!' '얼른 정신 차려!' 하며 질책해서는 안 돼요. 강압적으로 밀어붙여서 움직이게는 할 수 있어도 어차피 일시적이며 나중엔 정말로 진저리나게 싫어지기 때문이죠.

오히려 이런 굼뜬 자기 자신에게 해야 할 말은 상냥하고 부드러운 이런 말이에요.

"얘, 딱 10분만 해 보지 않을래?"

할 마음이 생기지 않는 이유는 '중간에 분명히 괜히 했다 싶을 거야' '금세 안 끝날 걸?' '꽤 어렵겠지?'라고 과장해서 생각하고 있기 때문입니다.

하지만 아무리 큰 과제도 가만히 들여다보면 '간단하게 할 수 있는 작은 일'로 이루어져 있기 마련이죠. 따라서 한 번에 전부 끝내기는 어려울지라도 '10분간만 하는 것'은 누구나 쉽게 할 수 있을 거예요. 숙제도, 부엌 선반 정리도 '그럼, 딱 10분만 해볼까?' 하며 팔을 걷어붙이고 시작하기만 하면 어느덧 탄력이 붙어서 10분, 20분… 집중하게 됩니다. 그러다가 중간에 집중력이 흐트러졌다면, 거기서 멈추고 다음 기회에 해도 상관없어요.

마찬가지로 영어 회화를 배우고 싶을 때도 '영어 회화 앱을 다운로드한다'부터 시작해서 '영어 단어를 노트에 다섯 번씩 적는다'처럼 간단히 할 수 있는 작은 일로 나눠서 실행해 보세요. 그리고 한 걸음 내디디면 자신감 저축은 짤랑하고 쌓인다는 사실을 잊지 말아야 해요. <u>마음이 내킬 때까지 기다리거나, 자신감이 생길 때까지 기다리는 것은 괜한 시간 낭비일 뿐이에요.</u> 자신 없더라도 일단 움직이다 보면 '어, 할 만하네!'라는 마음이 생기고 자신감도 뒤따라온답니다.

마지막으로 한 가지 더, '숙제를 해야만 해'라는 의무감이라든지, 누군가의 압박 때문에 마지못해서 한다면 일단 그 순간만 모면하려 하기 때문에 소극적이 될 수밖에 없어요. 그러니 하루의 모든 행동을 '해야 할 일' 대신 '하고 싶은 일'로 생각을 전환해서 주체적이고 능동적으로 해 보세요. 숙제, 일, 선반 정리도 하고 싶지 않으면 안 해도 돼요. 꿈을 이루기 위해, 돈을 벌기 위해, 나의 성장을 위해, 내 주변이 정돈되고 아름다워지기 위해 '오늘은 이 일을 꼭 끝내고 싶어' '그래, 끝내자'라고 스스로 정하고 적극적인 언어로 바꿔 표현해 보세요.

잊지 마세요. 말이 행동을 낳고, 결국 그 행동이 자신감을 낳는 법입니다.

✓ 작게 나눠서 하면, 하고픈 마음이 싹트고 자신감도 생깁니다.

'자신감 저축'의 7가지 특징 ③

# 04

# 빚이 쌓여도
# 순식간에 갚을 수 있다

**난생처음 해 보는 일이라 전혀 자신이 없는데**

태어나서 마흔이 될 때까지 음식을 한 번도 만들어 본 적 없는 한 남자가 있었어요. 결혼하기 전에는 어머니가, 결혼해서는 아내가 음식을 해 줬기에 밥을 어떻게 짓는지도 몰랐습니다. 그런데 갑작스럽게 이혼하게 되어 직접 음식을 만들어야 할 상황이 되었습니다. 당연히 맨 처음에는 '요리라니, 난 자신 없는데…' 하며 깊은 한숨부터 나왔죠. 그러다 일단 SNS 콘텐츠 중에서 '1인 가구의 요리' 같은 영상을 보고 흉내부터 내 보기로 마음먹었어요.

그런데 몇 번 하다 보니 점차 직접 만들어 먹는 재미가 생겼고, 이참에 도시락도 싸서 다니기로 했지요. 요즘 젊은이들처럼 그럴싸하게 세팅까지 한 도시락 사진을 SNS에 올리기 시작했습니다. 그랬더니 전혀 모르는 이들이 "색깔 조합도 예쁘고 맛있어 보여요!" "영양이 듬뿍 담긴 도시락이네요!" 등 칭찬하는 댓글을 달아 주었고, 그로 인해 더 잘하고 싶은 마음이 생겼어요. 지금은 뭐, 집밥 정도는 셰프급이고 친구들도 자주 초대해 한 상 멋지게 대접한다고 합니다.

이처럼 '전혀 자신 없는데…' 하던 것도 '한 번도 해 본 적 없어'와 '그냥 한두 번 해 봤을 뿐이야'로 나눠 볼 수 있어요. 게다가 비록 꽤 여러 번 했더라도 마지못해 의무감으로 하느라 즐거움도 기쁨도 느끼지 못했다면, 자기 성장은커녕 자신감으로 이어지지도 않았을 거예요.

그런데 이 사례처럼 그렇게 자신 없던 사람도 능동적으로 여러 번 반복해서 하다 보니 손에 익고, 제법 해내니 뿌듯함도 느끼며 자신감이 커질 수 있어요. 즉, '하고 싶은 일을 하는' 경험을 쌓다 보면, 쪼그라들고 바닥에 착 들러붙었던 자신감을 확 되살릴 수 있는 법이지요.

자신감 유무는 본인의 주관적 감각에 따라 달라집니다. 일상에서 무엇인가를 반복하면서 자신감을 저축해 두었을 때는 '이건 자신 있지'라며 가슴을 활짝 펼 수 있어요. 반면, 해 보지 않은 것에는 자신감을 저축하지 못한 상태이니 '어, 자신 없는데…'가 되고 말죠. 여기서 특히 눈여겨봐야 할 부분이 있어요. '하고는 싶지만, 안 하고 있는 것은 빚을 계속 지고 있는 것과 같다'라는 사실입니다. 빚이 늘면 늘수록 스스로 '나는 역시 안 돼' 하며 좌절하며 매사에 소극적일 수밖에 없어요.

## 계속하기만 하면, 자신감은 반드시 자라요

그러나 그렇게 빚이 쌓이더라도 '하고 싶은 일을 하는 행동'을 몇 번 반복하다 보면 금세 갚을 수 있습니다. 자신감 저축의 빚은 단기간에 '변제'할 수 있다는 특징이 있기 때문이지요.

저 역시 질병 때문에 몇 달 동안 한 글자도 쓰지 못하던 때가 있었어요. 그 일이 있기 전까지는 약 십 년간 매일 10페이지 정도 글을 써 왔는데도, 정말 한 문장도 생각나지 않더군요. 아니, 지금까지 어떻게 써 왔는지조차 전혀 기억나지 않았어요. 자신감이 한순간 곤두박질쳤고 '내 작가 생명도 이제 끝이구나' 하며 절망할 수밖에 없었지요.

그런데 컨디션이 좋던 어느 날이었어요. 문득 '내가 지금 겪고 있는 이 일을 글로 쓰면, 독자가 반갑게 읽어 주지 않을까?'라는 생각이 들어서 컴퓨터를 켰습니다. 놀랍게도 머릿속 생각이 술술술 글로 쓰였고 '아, 다시 쓸 수 있구나' 하며 안도감이 몰려왔지요. 하지만 자신감이 회복되었다고 확신하기에는 아직 일렀어요. 그렇게 한 달 후, 한 권의 책이 완성되자 비로소 자신감이 제자리를 찾았음을 몸소 확신하게 되었습니다.

재능이란, '계속하는 것'입니다. 계속하기만 하면 자신감은 저절로 만들어지고 점점 더 커져서 엄청난 위력을 발휘하지요. 설령 한순간에 무너질지라도 다시 시작하기만 하면 되살릴 수 있어요. 내 안에 축적된 자신감은 절대로 사라지지 않으니까요. 학력, 직장, 직위, 경제적 수입도 자신감의 원천이 될 수 있겠지만, 그건 한때일 뿐이에요. 세월의 흐름이나 상황의 변화 같은 외부 요인 때문에 사라지기라도 하면, 자신감도 물거품처럼 사그라지지 않을까요?

분명히 말하건대, 진정한 의미에서 '나 스스로 해 온 것'만이 내 것으로 축적됩니다.

✓ '난 안 돼'라는 생각도 한순간 뒤집힐 수 있어요.

**'자신감 저축'의 7가지 특징 ④**

## 05
# 마이너스에서 탈출하면, 저축은 큰 폭으로 회복된다

### 자신감이 바닥도 아닌 마이너스 상태예요

지금까지 '하고 싶은 일을 하기'는 곧 '자신의 기대에 부응하는 것'이고, 그 결과로 자신감이 만들어진다고 말했습니다. 여기서 오해하면 안 될 것이 있어요. 무언가 특별한 '플러스 알파'를 해야 하는 건 아니라는 점이에요. 다시 말해, 꾸준히 해 오던 일을 그저 담담히 지속하는 것도 큰 자신감이 되어 준다는 사실을 다시금 강조합니다.

습관을 지속한다는 건 분명 대단한 일입니다. 출근하고, 등교하고, 집안일을 하고, 건강을 위해 운동을 하고, 옷을 깔끔하게 입고, 다른 사람에게 친절히 행동하는 등 일상에서 '이런 사람이고 싶다'라는 기대에 맞춰 행동하고 이를 지속하는 데는 의외로 큰 힘이 필요하기 때문이죠.

일이 잘 풀리지 않을 때, 기분이 우울하고 좌절감을 느낄 때는 다 포기하고 싶은 마음이 들 거예요. 그러나 그런 부정적인 상태에서 '다시 일어나는 것', 즉 '마이너스(-)'의 상태를 '제로(0)'로 끌어올리는 것이야말로 '자신감 저축'을 큰 폭으로 늘리는 방법임을 기억하세요.

앞서 제가 한 글자도 쓸 수 없는 상태에 빠졌고, 거기서 어떻게 빠져나왔는지 이야기했어요. 그런 경험이 있었기에 '약간의 슬럼프가 있어도 정말 진짜로 괜찮더라'라는 자신감을 가질 수 있었습니다. 작품을 아무런 문제 없이 술술 써 내려갈 수 있다는 건 정말 감사한 일입니다. 하지만 저는 어려움 속에서 잘 써지지 않는 글을 몇 번이고 고쳐 쓰고 마감 시간을 지키느라 매서운 집중력을 발휘하며 마침내 완성한 그 순간이, 내 실력이 확 늘어 다음 단계로 도약하게 된 시기였음을 온 마음으로 실감했습니다.

## 힘든 상황 속에서 확실히 성장할 수 있어요

"지금까지 살아오면서 당신이 가장 성장했던 때는 언제였습니까?"

이런 질문을 하면 대부분은 불안과 긴장, 갈등과 고민 같은 부정적인 생각을 품고 있으면서도 눈앞의 해야 할 일을 했던 시절을 떠올릴 것입니다. 예컨대 운동 동아리에서 선발 선수로 뽑히고 싶어서 필사적으로 연습했던 학창 시절, 혼나면서도 일을 배우려고 열심히 노력했던 신입 시절, 안 돌아가는 머리를 쥐어짜며 재취업을 위해 자격증을 따려고 열심히 공부하던 때 등입니다. 그런데 돌아보면 그 시절이야말로 자신감 저축이 왕창 쌓이던 때입니다.

자포자기하지 않고, 마이너스의 상태에서 제로의 상태로 끌어올렸던 경험은, 비록 남들 눈에는 여전히 빌빌거리는 것처럼 보였을지 몰라도 자신감이라는 측면에서 보면 명백한 '성공 체험'입니다. 자기 자신을 믿었기 때문에 앞으로 치고 나갈 수 있었던 것이죠.

좌절에서 혹은 시련에서 다시 일어선 것, 가난에서 벗어난 것, 질병이나 부상에서 회복한 것 등이 다 그렇듯이, 그 고통 한가

운데에 있을 때는 괴로움에 몸부림쳤을 것입니다. 그러나 시간이 지나 거기에서 빠져나온 뒤 문득 돌아보면 그 일 덕분에 지금의 내가 있고, 뭐라도 하고자 노력했던 과정에서 큰 깨달음을 얻었으며 자신감을 얻었다고 고개를 깊이 끄덕일 것입니다.

살다 보면 종종 기분이 부정적으로 기울 때가 있지요. 이를테면 '오늘은 영어 회화 공부를 건너뛰고 싶어'라는 마음이 고개를 비죽 내밀 거예요. 그럴 땐 어떻게 해야 할까요? 그렇습니다. 딱 10분만이라도 해 보세요. '그 일로 상사에게 정말 화가 나, 그런데 인사를 해야 해?'라는 기분이 들어도 일단은 입꼬리를 끌어올리고 눈을 가늘게 뜨며 살짝 고개를 숙여 인사하는 시늉이라도 해 보세요. 충동 구매하고픈 욕구가 슬슬 올라와도 '오늘 하루 정도 더 생각해 볼래' 하고는 돌아서 보세요. 순간적인 감정에 휩쓸리지 말고, '이런 사람이고 싶다' 하는 자신의 기대에 부응해 행동한 것은 우리 몸속 세포에 꼭꼭 새겨진다 해도 과언이 아닙니다.

옛사람들은 "하늘이 보고 있다."라고 종종 이야기했어요. 좋은 일도 나쁜 일도 하늘에 있는 신이 전부 내려다보고 있다는 뜻인데, 진짜로 신이 보고 있는지는 저도 잘 모릅니다. 하지만

단 하나는 확실해요. '내가 지금까지 뭘 해 왔는가' '뭘 하지 않았는가'는 자신이 확실히 알고 있다는 것입니다. 기억에서 희미해져도 마음 저 깊은 곳에 확실히 새겨져 있으니까요.

자신감 저축을 쌓는 데에 특별한 것은 필요 없어요. 당연한 일을 당연하게 해낼 때, '이렇게 하고 싶어' '이런 사람이 되고 싶어'라는 자신의 기대에 부응하고자 움직일 때야말로 자신감을 키우고 있는 소중한 순간이에요.

✓ '당연한 것을 하는 것'도 큰 자신감이 됩니다.

> '자신감 저축'의 7가지 특징 ⑤

## 06
# 한 번 자신감을 잃었다고, 저축이 바닥나지는 않는다

### 자신감이 바닥으로 곤두박질칠 때

자신감이 부족한 사람은 작게나마 실수하거나 자신의 단점이 조금이라도 드러난 것 같으면 '역시 나는 안 돼'라며 부정적으로 단정 짓곤 해요. 일전에 한 회사에서 관리직으로 일하는 사람이 제게 이런 말을 한 적이 있어요.

"명문대 출신 신입 사원일수록 조그마한 지적에도 크게 반발하거나, 반대로 심하게 낙심해서 다음 날 아예 출근을 안 해버리는 경우가 꽤 돼요. 자존심이 너무 강해서 그런지, 자신이 부정당한 것 같다고 느껴서 불쾌한 거죠. 그 사람 자체를 부정한 게 아닌데도 말입니다."

'자존심'이란 다른 사람과의 비교나 주변의 평가를 통해 자신은 가치가 있다고 인식하는 마음입니다. '자존감'이 자기 스스로 자신의 존재 가치를 정하는 것에 비해, '자존심'은 타인의 평가에 의존해 자신의 가치를 결정하기 때문에 그 위상이 어떻게 바뀔지 몰라 항상 불안하고 쉽게 흔들릴 수밖에 없죠.

좌절과 실패의 경험이 없는 사람, 타인의 칭찬을 받은 경험이 많은 사람일수록 자존심이 강해서 완벽주의에 빠지기 쉬워요. 무의식에서 '반드시 인정받아야 한다'라고 생각하기 때문에 실수하거나 지적당하면 "그게 아니라, OO 때문에…"라며 필사적으로 변명하거나 '나는 잘못이 없다'라며 자기합리화를 하려 합니다. 그런데 솔직히 이는 자신감이 없어서 나타나는 모습이에요. '날 못난 놈이라고 생각할지도 몰라' '나는 사실, 대단한 사람이 아닐지도 몰라'라는 불안의 다른 표현인 셈이죠.

조금 잘못해서 자신감이 떨어져도 '뭐, 잘 안될 수도 있지, 어떻게 다 성공하겠냐' '전부 잘될 거라고 생각하다니, 내가 너무 자만했어'라고 현실을 받아들이며 다시 일어설 수 있는 사람이 진짜 자신감 있는 사람입니다. 이런 사람은 안 되는 일부분을 전체로 확장해 비관적으로 생각하지 않아요. 오히려, 좋은 부분도 이만큼은 있으니 '전체적으로 봤을 때는 괜찮아'라고 낙관적으로 생각하죠. 즉, 일시적으로 자신감이 확 떨어지더라도 자신감 저축은 제로가 되지 않는다고 할까요?

좋은 일이 있어서 크게 기뻐하는 건 좋지만 '역시 난 잘났어!'라며 오만하게 구는 건 바람직하지 않아요. 그렇다고 좋지 않은 일에 '난 역시 안 되는 놈이야'라며 자기 비하도 하지 말아야 해요. 주변의 평가와 상황에 따라 일희일비하면 자기 평가도 오르락내리락해서 결국 자신감은 약해집니다. 어떤 상황에 놓여도 금세 평정심을 되찾고 눈앞의 일에 전념하거나 기쁨과 감사를 느끼는 것이 자신감을 쌓는 확실한 방법입니다.

### '역시 난 안 돼'라고 단정 짓지 말아요

원래 사람은 옛날부터 살아남기 위해 부정적 감정에 의식을 모아야 했어요. 위험을 알아차리고 항상 주의를 기울여야 자신과 가족의 생명을 지킬 수 있었으니까요. 반면, 긍정적인 정보는 기억할 필요가 없었기 때문에 웬만하면 신경 쓰지도 않았지요. 그래서 지금도 이 스위치가 탁 켜지면 '나쁜 것'에 눈이 가고 거기에만 집중하는 게 아닌가 싶습니다.

　옆 사람의 싫은 점이 내 눈에 들어오면 그 사람의 모든 면이 싫어집니다. 장점이 훨씬 많은데도 뭣에 씐 듯 안 보이는 거죠. 자기 자신에 대해서도 "단점은 열 손가락도 모자랄 만큼 꼽을 수 있지만 장점은 잘 모르겠어요."라고 하는 사람이 참 많습니다. "난 뚱뚱하니까." "좋은 대학에 못 갔으니까." "말을 잘하지 못하니까."라며 오로지 콤플렉스에만 온 신경을 집중해서 결국은 소극적인 성격으로 변한 사람도 있어요. 사실은 장점이 태산처럼 많고, 본인 스스로가 단점이라고 여기는 것도 반전 매력이 될 수 있는데도 말이죠.

　만일 여러분 중에 '나는 자존감이 낮다'라고 여기는 사람이 있다면, 주변만 쳐다보느라 자신에 대해서는 잘 모르고 있을 공산이 큽니다. 그러니 지금부터라도 '없는 것'에 초집중한 채 노심초사하지 말고 '갖고 있는 것'을 돌아보고 감사해 보세요. 그토록 부러워하는 타인을 지목하며 "그럼, 그 사람과 삶을 바꾸시겠어요?"라고 물으면 "아니, 그러고 싶지는 않아요."라고 하지 않을까요? 당신 안에도 그 누구와 바꿀 수 없는 소중한 것이 있기 때문이죠. 좋아하는 것에 전념할 수 있는 것, 가족이나 친구와 즐거운 시간을 보내며 지금까지 이렇게 키워 준 사람과 환경을 소중히 여기고 감사하는 이 모든 것은 오로지 당신만 할 수 있는 것들이에요.

'나라는 사람을 다른 누가 대신할 수 없다' '나만 할 수 있는 게 있다'라는 생각을 가지면 자존심은 그리 쉽사리 상처받지 않습니다.

✓ '없는 것'보다 '있는 것'에 시선을 둬야, '행운 체질'이 될 수 있어요.

'자신감 저축'의 7가지 특징 ⑥

# 07
# 조금 어려워 보이는 것에 도전하면, 특별 보너스

### 어려운데, 어차피 해 봤자지 뭐

사방이 푸르른 자연환경에서 승마 체험 교실을 운영하는 친구가 있습니다. 그녀는 등교를 거부하거나 심리적 어려움을 겪고 있는 아이들을 집으로 초대해 함께 생활하곤 합니다. 아이들은 처음에는 '음…, 뭘 어쩌라는 거야?' 하는 표정으로 주머니에 손을 찔러 넣은 채 멀뚱히 서 있는데요. 그렇다고 해서 친구가 일일이 쫓아다니며 모든 걸 꼼꼼히 가르쳐 주기는 어렵다고 하더군요.

그래서 친구는 말에게 다가가는 법, 마구간 청소하는 법, 강에서 수영하는 법, 나무에 오르는 법, 집에서 음식 만드는 법, 세탁하는 법 등 뭐든지 처음 한 번만 직접 시범을 보인 뒤, "자, 너도 해 봐, 할 수 있으니까." 하고는 뒷일은 아이들에게 맡겼다고 합니다. 그렇다고 그대로 방치한 건 아니고 멀찍이서 바라보고 있었지요.

그런데 조금 기다리자, 아이들이 주춤거리며 슬슬 움직이는가 싶더니 "와! 이것 봐 봐! 내가 했어, 이야!" 라거나 "쓰읍, 이거 쉽지 않네. 다시!" "그래그래, 다시 해 보자!" 하며 큰 소리로 와글거리고 복작거리며 거기에 푹 빠져 열중하더래요.

그런 생활을 일주일 정도 하고 나서 집으로 돌려보내면, 아이들 부모가 깜짝 놀라 이렇게 말하곤 했답니다.

"역에서 기다리는데 '저기서 오는 애가 우리 아이 맞아?' 할 만큼 표정부터 달라져서 정말로 놀랐습니다. 감사합니다."

"스스로 학교에 갔고, 집에서도 스스로 나서서 집안일을 돕는 바람에 우리가 당황할 때도 있어요."

겨우 일주일 동안 조금 어려울 것 같은 일에 도전했을 뿐인데 '나도 할 수 있는 게 있구나'라는 자신감이 싹튼 것이지요.

자신감은 사람을 밝고 씩씩하고 가장 자연스러운 상태, 즉, '본래의 나'로 되돌려 줍니다. 나라는 사람의 폭을 확장시키는 행동을 스스로 했기 때문에 자신감 저축은 짤랑짤랑하고 확확 늘어납니다.

이때 포인트는 '조금은 어려워 보이는 것을 해 보기'입니다. 온라인 게임이든 교과서 연습 문제든 초고난도 레벨이라면 '어차피 해 봤자지, 뭐'라며 애당초 해 볼 생각도 하지 않을 거예요. 그렇다고 너무 간단하면 슬슬 해도 되니 결국은 시시해져 치워 버립니다. 결국은 '조금 어려워 보이는 것'이 집중을 끌어내기에는 가장 좋다는 뜻이지요. 직장 업무, 공부, 취미나 스포츠도 마찬가지입니다. 아가들의 첫걸음마처럼, 조금이라도 더 해 보려고 사부작사부작 움직였더니 어느새 할 수 있게 된 경험이 누구에게나 있을 거예요.

### 자신 없지만 일단 해 보면, 자신감이 붙어요

앞에서 말한 친구는 물리학자였던 은사님으로부터 받은 '우리의 행동은 모두 실험이다'라는 가르침을 지금도 간직하고 있습니다.

"물리학에서 하는 실험과 똑같아. 새로운 실험을 할 때는 '이렇게 하면 결과가 나온다'라고 가설을 세우고 실험을 하지만 대부분은 잘 되지 않지. 그러면 '무엇 때문에 실험이 잘 되지 않았을까?'라는 검증을 하고 다시 가설을 세운 뒤 실험해. 이 과정을 그냥 무의식적으로 반복한달까? 천재라면 한 번이나 두 번쯤 반복하면 해결하는데 평범한 사람은 네 번, 다섯 번 정도는 해야 겨우 해결할 수 있지. 그러니까 내 말은 평범한 사람도 횟수를 늘리면 천재와 같은 레벨이 된다는 거야."

다시 말해 도전이란 것은, '내가 할 수 있을까' '어떻게 하면 할 수 있을까' 하며 자신의 힘을 시험해 보는 것이고, 단번에 잘 될 리 없으므로 몇 번이나 '가설→실험→검증'의 시행착오를 반복하다가 어느새 할 수 있게 된다는 걸 이 친구는 말하고 싶었던 것 아닐까요?

'도전'이라고 해서 꼭 엄청난 것만 생각할 필요는 없어요. 새로운 요리를 만들어 보기, 몸무게 1킬로그램 감량하기, 조금 어려운 책 읽기에 도전하기, 새로운 모임에 나가 보기, 해 본 적 없는 것을 배워 보기처럼 '조금 어려워 보이지만 해 보고 싶은 것'이 있을 때 스스로에게 이렇게 말해 주면 좋겠습니다.

*"해 보렴. 할 수 있으니까."*

그래서 맨 처음부터 완벽히 해내겠다며 애쓰지 말고 그저 실험한다는 생각으로 가볍게 하다 보면 결국 해낼 수 있게 되는 것입니다.

잘 되지 않을 때야말로 특별 보너스를 받을 기회입니다. 시행착오를 겪으면서도 묵묵히 앞으로 계속 나아갈 때 잘하는 방법, 마음을 가다듬는 방법까지 함께 배울 수 있으니 자신감 저축은 추가 보너스까지 얻어 짤랑짤랑하고 두둑이 쌓일 거예요.

또 한 가지, 도전했지만 결과적으로 '성공'하지 못했더라도 '성장'은 확실히 얻었으므로 절대 손해가 아니었음을 잊지 마세요. 도전하지 않는다면 아무것도 얻을 수 없으며 자신감 저축은 마이너스 상태가 될 거예요.

자, 조금은 어려워 보이는 일이 눈앞에 놓여 있네요. 도전할래요, 아니면 포기할래요? 자, 당신은 어느 쪽을 선택할 것인가요?

✓ 몇 번이고 시행착오를 겪다 보면, 어느새 할 수 있게 돼요.

> '자신감 저축'의 7가지 특징 ⑦

## 08
# 쌓아 둔 자신감은 언제 어디서든 사용할 수 있다

**일단 해 보긴 하는데, 잘 되지 않으면 어떻게 하죠?**

저는 지금까지 50가지 이상의 직업을 가져 봤어요. 그중 작가라는 직업만 어느새 20년 이상 근속하고 있을 뿐 사무직, 영업직, 전통복 체험 강사 등 다른 직업은 전부 중간에 멈춘 일이라 남들 눈에는 '실패 체험'으로 보일지도 모르겠네요.

그런데 저는 어쨌든 '해 봤다'라는 것도 '성공 체험'이라고 생각합니다. 패배를 인정하지 않으려고 둘러대는 말이 아니에요. 어떤 결과도 내지 못했고 인정받지 못했더라도 '하고 싶은 일을 했다'라는 만족감이 남아 있고 그래서 자신감 저축이 쌓인 덕분에, 하고 싶은 일이 생길 때마다 그 새로운 세계에 몸을 던질 수 있기 때문입니다.

저는 마흔이 넘은 나이에 대만에 있는 대학원으로 유학을 떠났어요. 그 나라 말을 잘했던 것도, 어떤 전문성이 있던 것도, 경제력이 풍부했던 것도 아니었습니다. 그런데도 '지금까지 어찌어찌해 왔으니 앞으로도 해 나갈 수 있겠지'라는 근자감은 있었지요. 잘 해낼 거란 자신감은 없었지만, 또 '잘 되지 않으면 어떤가, 그때그때 궤도 수정을 하면서 살면 되니까'라고 생각했어요.

모든 것이 내가 생각한 대로 되리라고 여기는 건 오만입니다. 나는 '잘 되지 않는 게 있을 수 있고 그게 당연하다'라는 전제로 살고 있기에 다소 상처를 입더라도 '하고 싶은 걸 한 결과니까, 이건 이걸로 괜찮아!'라고 여기며 계속 나아갈 수 있었습니다. '잘했다, 못했다'라는 결과가 아니라 그저 '해 봤다'는 '성공 체험'을 중요하게 여긴 것이죠. 그래서 '무엇을 했나, 무엇을 하지 않았나'라는 사실은 내 삶에 생생하게 남아 있습니다.

이처럼 차곡차곡 쌓은 자신감 저축은 비슷한 일을 할 때만 쓸 수 있는 게 아니라 '근자감'으로 바뀌어 언제든지 꺼내 쓸 수 있어요. 제 친구 하나는 1년 동안 꽃꽂이 교실을 다녔고 발표회 출품까지 하더니 다른 것에도 도전하고 싶어졌다며 최근에는 전국 각지의 산을 등정하러 다니고 있어요. 또 싱글맘인 다른 친구는, 지금은 비록 규모가 축소됐지만 젊은 나이에 회사를 창업해 많은 직원을 고용한 경험이 있어서 "그때 했던 일들을 생각하면, 웬만한 건 식은 죽 먹기야."라며 다이빙도 하고 농업 경영도 하는 등 다양한 일에 도전하고 있어요.

### 잘 되지 않더라도, 자신감은 쌓을 수 있어요

'선한 행동을 했다'는 만족감이 자신감으로 이어질 때도 있습니다. 한 정신건강의학과 전문의의 말에 따르면, 우울증으로 '어차피 나 같은 거…'라며 자기긍정감이 낮은 내담자들에게 매일 화장실 청소를 하게 했는데 이를 따른 모든 사람의 상태가 좋아졌다고 합니다. 깨끗하지 않은 장소를 반짝반짝 윤이 날 만큼 깨끗하게 하는 것, 그것도 뭇사람들이 싫어하는 것을 내가 팔 걷고 나서서 하는 선행이나 봉사는 상쾌하고 속이 다 시원해지는 기쁨이 있습니다. '하하하, 역시 난 좋은 사람이야'

라고 자기 자신이 좋아지면서 자기긍정감이 차오르지요. 그리고 이는 자신에 대한 굳은 믿음으로 이어집니다.

아무리 유명해져도 화장실 청소만큼은 빠뜨리지 않고 했다는 한 중견 배우의 이야기도 유명합니다.

"내가 다른 사람보다 재능이 있다고 생각하진 않아요. 그런데 어떤 역할을 하든지 잘한다고 높이 평가받았지요. 이상하지요? 그 일은 내 재능만으로 할 수 있는 게 아닌데도 말이에요. 곰곰이 생각해 보면, 혹시 그거 때문이 아닐까 하는 생각이 드는 게 한 가지 있어요. 그건 바로 내가 젊었을 때 다녔던 병원 의사가 '화장실을 깨끗이 하세요'라고 한 말을 몇십 년 동안 지킨 것이랍니다. 지금도 여전히 하고 있고요. 내가 아직도 팬들에게 사랑받고 있는 건 그 덕분인 것 같아요."

또 유명한 야구 선수도 행운을 바라며 자발적으로 쓰레기를 줍거나 먼저 인사하기, 사용한 도구들을 가지런히 정리하기 등 뒷마무리를 빼먹지 않는다고 합니다.

행운은, 신의 자비라기보다는 그에 합당한 행동을 한 보상이 아닐까요? 화장실 청소, 쓰레기 줍기를 귀찮아하지 않고 계속하면서 성실함, 겸손함, 신념, 끈기 그리고 가장 중요한 '자신을 믿는 마음'이 착실히 다져졌을 것입니다.

  '하고 싶은 일을 한다' '선행을 한다'처럼 자신을 좋아하게 되는 행동을 하나씩 하나씩 저축해 나가세요. 자신감 저축이 최고의 재산이 되어 당신의 인생을 굳건하게 지탱해 줄 테니 말이에요.

✔ 자신감을 갖고 싶다면, 생각이 아니라 행동을 바꾸세요.

> 살기 좋아지는 나

## 09

# 자신감 저축에는 'Do 저축'과 'Feel 저축'이 있다

**행동하지 않으면 자신감은 도저히 쌓을 수 없는 건가요?**

1장에서는 자신감 저축의 9가지 핵심 원리를 설명했습니다. 이쯤에서 감이 좋은 사람은 '그러니까 행동하지 않으면 자신감도 얻을 수 없다는 건가?'라는 의문이 들 거예요. 정말 핵심을 찌르는 질문입니다. 사실 자신감 저축은 크게 'Do(하다) 저축'과 'Feel(느끼다) 저축'으로 나뉘어요. 'Do 저축'은 지금까지 설명했듯이, 뭐든 하려고 했던 것을 '하면' 쌓이는 저축입니다. 일상에서 소소한 행동을 조금씩 할 때마다 '나는 할 수 있어' '잘

될 거야'라고 자신의 힘을 믿는 '자기효능감'이 생기지요.

'Feel 저축'은 아무것도 안 해도 '이대로의 내가 좋아' '나한테도 멋진 부분이 있어' '나는 행복을 느낄 줄 알아'처럼 있는 그대로의 나, 내게 있는 것, 세상을 살아가는 자세를 긍정적으로 받아들이고 호의적으로 '느끼면' 쌓이는 저축입니다. 설령 자기 자신이나 주변의 기대에 부응하지 못했더라도 '어떤 나라도 좋아' '나라면 괜찮아'라며 자신을 깊이 신뢰하는 '자기긍정감'이 되어 줍니다.

'Do 저축'과 'Feel 저축' 둘 다 중요하고 살아가기 위해 꼭 필요해요. 왜냐하면 어떤 일을 할 때 '나는 할 수 있어'라고 믿는 것이 'Do 저축'이고, 설령 해내지 못했더라도 '이런 나라도 괜찮아'라고 긍정하는 것이 'Feel 저축'이기 때문이죠. 'Do 저축'이든 'Feel 저축'이든 많이 쌓이면 이유를 딱 꼬집어 설명할 수 없는 편안한 안정감과 행복감이 찾아옵니다.

그렇지 않은 사람도 물론 있어서, 'Do 저축'이 쌓여 있지 않으면 '할 수 있는 나'를 믿을 수 없어서 소극적으로 행동하거나 시작했더라도 이내 포기하고 말죠. 'Feel 저축'이 쌓여 있지 않으면 '있는 그대로의 나'를 믿을 수가 없어서 주변의 반응에 크게 주눅 들거나 과도하게 자기 힘을 과시하게 돼요. 반대로 비굴해지는 사람도 있어요.

## 'Do 저축'이든 'Feel 저축'이든 상관없어요

우리가 지금까지 일상생활을 하면서 무의식적으로 쌓아 온 자신감 저축을 잠깐 되돌아보세요. 아침에 루틴처럼 하는 습관이 떠오른다면 '아하, 그러면서 자신감을 모았던 거구나' 하며 깨달을 테고, 그 습관을 소중히 여기며 앞으로도 꾸준히 지속할 것입니다. 다른 어떤 일을 '할까, 말까' 하는 게 있다면 '조금만 해도 저축, 하지 않으면 빚이 된다고 했지! 그럼 일단 해 볼까?' 하며 가볍게 시작해 볼 수 있을 거예요.

또, 일할 때 실수하거나 남에게 안 좋은 말을 들어서 침울해질 때도 '뭐, 어쩔 수 없지. 장점도 있고 단점도 있는 게 나니까' '이번 일로 배운 점도 많았으니 앞으로는 괜찮아질 거야'라고 긍정적으로 수용하고 이내 일어서서 앞을 향해 나아갈 수 있어요.

자신감 저축을 하는 가장 큰 목적은 자신 있게 내가 원하는 대로 살고, 자신과 주변 사람을 행복하게 하는 데에 있어요. 진정한 자신감이 쌓일수록 살기 쉬워지며 성장하고 성숙해질 수 있습니다. 자신감 저축이 쌓이면 자신을 신뢰하게 돼요. 물론 자신의 기대에 따라 행동하는 것도 무척 중요합니다. 하지만 이것만으로는 부족해요. '솔직한 사람이고 싶다' '다른 사람에게 친절하게 행동하는 사람이고 싶다' '웃으며 살고 싶다'처럼 '나는 이런 사람이면 좋겠다'라는 미학이 있어야 자신을 지탱할 수 있어요.

그래서 나 자신을 신뢰하게 되면, 다른 사람 눈에도 '신뢰할 수 있는 사람'으로 비추어집니다. 괜찮은 사람으로 인정받으면, 자연히 또 다른 사람과 연결되어 기회를 얻고, 하고 싶은 일을 이루고, 어려움을 겪을 때는 도움을 받는 등 적절한 시기에 필요한 것이 채워지죠.

자신감 저축은 돈을 모으는 저축보다 훨씬 중요하고 활용 가치가 높아요. 내 안에 쌓인 자신감은 사라지지 않고 빼앗길 일도 없으니까요.

이것으로 자신감 저축에 관해 대강이나마 이해했으리라 봅니다. 2장에서는 자신감 넘치는 사람들의 공통점을 통해 자신감을 쌓는 방법을 조금 더 자세히 설명하겠습니다.

✓ '내가 이런 사람이면 좋겠다'가 나를 지탱합니다.

# 2장

자신감 있는 사람의
남다른 '자신감 저축법'
10가지

우리는 흔히 '하고 싶은 일'을 찾고 나서 자신감을 쌓아 가려 합니다. 하지만 '하고 싶은 일'을 찾으려 애쓰다 보면, 오히려 부족함만 강하게 느껴져 좌절하고 말죠. 자신감은 일상에서 사소하고 작은 일 하나하나를 해 가며 쌓을 수 있어요.

자신감 있는 사람은 남다른 방법으로 자신감을 저축해요. 그들은 주변과 비교하지 않고 자신만을 바라보며 무슨 일이든 21일간 지속해요. 무엇보다 '인생에서 우선해야 할 일'을 소중히 여기고, '해 본 적 없어 불안해도' 일단 도전해 보며, 다른 사람만이 아니라 나도 즐거운 일을 한다는 걸 기억하세요.

> 자신을 행복하게 만드는 습관

# 10

# 성공은 크기보다 횟수가 더 중요하다

**하고 싶은 일을 찾기조차 어려운데 어떻게 하죠?**

지금까지 자신감이 넘치는 사람을 많이 만나 봤지만, '대단한 사람'인 양 거들먹거리거나 편협한 발언을 하는 사람들이 아니었어요. 오히려 태도가 겸손하고 자연스럽기 그지없었으며, 의식적이었든 무의식적이었든 긍정적이고 활달했어요. 무엇보다 자신의 강점을 발휘하고 활용하는 데 탁월했지요.

2장에서는 이런 '자신감 있는 사람들의 공통된 습관'을 이야기하려 합니다. 이 책을 읽는 독자 중에는 '나도 자신감을 갖고 싶어, 그러려면 하고 싶은 일을 찾은 다음에, 기술을 배우든 자격증을 따든 새롭게 거듭나야 하겠지?'라고 생각하는 사람이 있을지도 모르겠네요. 그래서 '하고 싶은 일' 찾기에 필사적으로 매달려 보지만 가슴 뛰는 그런 건 찾아지지 않고, 운 좋게 찾더라도 막상 하려니 '아휴, 귀찮아'라거나 '됐어, 여기서 더 해 뭐해'라며 마음을 접게 되기도 해요.

전적으로 이해합니다. 하고 싶은 일이 찾는다 해서 찾아지는 것이 아니기 때문이죠. '하고 싶은 일을 찾는 데 필사적'이라는 말 역시 '이 상태로는 부족하다'라는 것을 지금의 나 자신에게 지속해서 주입하는 것과 같아요. 그런데 혹시 경험해 본 적 있나요? '더 좋은 게 없을까?' 하며 마음에 쏙 드는 걸 찾아 헤맬수록 오히려 나의 부족한 면만 강하게 눈에 들어오고 자신감이 바닥나는 걸 말이에요.

사실, 누구나 자신감을 가질 수 있는 요소를 이미 갖추고 있습니다. 1장에서 자신감은 무언가를 지속할 때 쌓인다고 했습니다. 새롭게 무언가를 시작할 필요도 없고 지금까지 당연하게 해 온 평범한 습관도 좋다고 했지요. 아니, 오히려 그게 자신감의 원천이 될 수도 있어요. 매일 아침 일어나 침대 정돈하기, 때

맞춰 식물에 물 주기, 가족과 동료에게 웃는 낯으로 "좋은 아침입니다!" 하고 인사하기, 일터로 출근하기, 산책하기, 때로는 하늘을 바라보기, 하루를 마칠 때는 따뜻한 욕조에서 휴식하기 등 말입니다. 이런 소소한 습관은 소박하지만 나를 행복하게 할 뿐 아니라, 당당하고 든든하게 지탱해 주는 작고 소중한 '성공 경험'입니다.

 이처럼 지금까지 반복해 왔던 습관이야말로 지금의 나를 있게 한 일등 공신입니다. 뭔가를 해야겠다고 생각했을 때 '왠지 잘될 것 같아'라고 느끼는 '근자감'과 나 자신을 좋아하는 자기긍정감도 키워 주죠.
 따라서 중요한 것은 성공의 '크기'가 아니라 '횟수'라는 점을 기억하세요. 즉, 나도 모르는 사이에 자신감이 차곡차곡 쌓이고 있었던 것입니다.

## 하루하루에 충실하면 그걸로 충분해요

 진짜로 자신감이 있는 사람은 특별한 일을 하지 않아도 생기가 넘치고 광채가 나요. '나는 지금의 삶이 좋아'라는 뿌듯함과 만족감이 있기에, 쉽게 다른 사람과 비교하지 않아요. 밤에 잠

자리에서 '오늘도 참 좋은 하루였다!'라고 미소 지을 수 있는 일상을 보내며 매일매일 행복을 만들어 가기 때문에 자신을 무척이나 신뢰하게 됩니다.

그렇습니다. 누구에게나 예외 없이 찾아오는 평범한 일상에도 서서히 젖어 드는 충만함과 행복이 있고 감사할 것이 많이 있어요. 그런 평온한 날들이 어떤 일로 망가져 버리면, 그제야 '내가 참 많은 것을 갖고 있었구나' 하고 깨닫곤 하잖아요. 언제, 어디서든 행복해질 수 있는 사람은 지금의 자신에게 없는 것을 추구하기보다 있는 것에 초점을 맞추고 조금씩 조금씩 성장하며 성숙해집니다.

자연의 법칙에 따라 모든 것은 변하고 우리도, 주변 환경도 변화합니다. 스스로 행복을 만들어 가는 사람은 기본적인 습관을 지속할 뿐 아니라, 때로는 그 방식을 살짝 바꿔 산뜻한 변화를 느끼는 데 주저하지 않습니다. 평소보다 조금 멀리까지 산책해 보거나 따뜻한 욕조에서 책을 읽는 등 늘 해 오던 습관에 변주를 넣습니다.

자신감이란 근력 운동과 비슷한 것 같아요. 1킬로그램짜리

덤벨로 근육이 붙으면 그다음은 2킬로그램짜리에 도전해 볼까 하는 마음이 생기고, 아니면 아예 다른 기구에 도전해 보고 싶어지잖아요. 이처럼 하나의 습관을 지속하며 자신감이 생기면 자연스럽게 다른 것도 해 보고 싶어집니다. 그러다가 어느 날 '더 큰 기회에 도전해 보고 싶어' 하게 되는 날이 오지 않을까요? 일부러 찾아 나서지 않아도 저절로 해 보고 싶은 일을 찾을 것입니다.

✔ 큰 성과보다 일상의 작은 습관이 자신감을 키웁니다.

의욕이 생기지 않을 때

# 11
# 어려운 일을 하기보다
# 작은 일도 끝까지 한다

**마땅히 해야 할 일을 하는데도 기분이 좋지 않아요**

자신감 있는 사람은 예외 없이 발놀림이 가볍습니다. 그런데 사람은 누구나 많든 적든 '땡땡이치고 싶다' '늘어져 있고만 싶다' '하고 싶은 일만 하며 편히 살고 싶다'라는 마음이 있기 마련이에요. 분명 일, 가사, 공부처럼 해야 할 게 산더미처럼 쌓여 있는데도 어느새 텔레비전을 켜거나 시간 가는 줄 모르고 스마트폰만 들여다볼 때도 있어요. 불안과 초조함을 느끼면서도 행동하지 않는 자신이 싫어질 때도 있을 것입니다.

그런 상황에서 '행동하느냐, 마느냐'가 자신감에 큰 영향을 미친다고 할 수 있습니다.

대체 왜 인간은 꾸물거리고, 뭐든 곧바로 하려 들지 않는 걸까요? 뇌과학적인 측면에서 살펴보면 뇌는 체중의 2% 정도밖에 안 되면서도 몸 전체에서 소비하는 에너지의 약 20%를 사용한다고 합니다. 이는 뇌가 덩치는 조그맣지만 엄청난 대식가여서 많은 에너지가 필요하다는 뜻이지요.

그런데 생명을 유지하려면 다른 장기도 상당한 에너지가 필요하기에, 외부의 자극이 없을 때면 뇌가 활동을 억제하고 소위 '에너지 절약 모드'로 천천히 움직입니다. 이 말인즉, 뇌는 원래부터 꾸물거리고 느릿느릿 움직이는 기능을 갖추고 있다는 뜻입니다. 게다가 텔레비전이나 SNS 속 짧은 영상을 볼 때 우리는 적극적으로 활동할 필요가 없어요. 그저 수동적인 상태로 가만히 있어도 적당하고 기분 좋은 자극을 계속 주기 때문에 몇 시간이고 쳐다보고 있을 수 있는 것이죠. 하지만 뇌는 비록 육체가 그러고 있을지라도 나름대로 반응을 계속했기 때문에 상당히 지쳐 있어요.

내 일이고 마땅히 해야 하는데도 할 마음이 들지 않을 때, 억지로 기분을 끌어올려 행동한들 결국 헛수고로 돌아가고 맙니다. 그럼 어떻게 해야 할까요? 핵심은 간단한 것, 좋아하는 것, 하기 쉬운 것부터 가벼운 마음으로 시작하는 것이에요. 하기 싫어도 '어쨌든 10분만' 지속하면, 뇌도 서서히 활성화되어 '작동 모드'로 전환되고 할 마음이 일어나거든요.

중요한 점은 할 마음이 생길 때까지 기다리는 것이 아니라 의욕이 없어도 어쨌든 행동을 시작하는 것입니다. 그러니 마음이 내키지 않아도 딱 10분만 해 보세요. 축 처져 있던 뇌가 다시 재부팅되어 활발하게 돌아갈 때까지 최소 10분간 자극을 주면, '작업 흥분(어떤 일을 일단 시작하면 뇌의 해당 영역이 활성화되어 어느새 몰입하게 되는 현상)'이 일어나 어느샌가 열중하고 있는 자신을 발견할 것입니다.

한편, 비약적인 성장을 이루기 위해서나 자신감을 북돋우려고 갑자기 어려운 일부터 하는 사람도 있어요. 그런데 이 역시 잘 되지 않아요. 예컨대 빠른 실력 상승을 위해 고난도의 문제집에 도전해 본 경험이 누구에게나 있을 거예요. 하지만 결국은 '역시 나한테는 무리였어'라며 포기해 버리고 그보다 낮은 난이도의 문제를 몇 번이고 반복해서 풀다 보니 오히려 새록새록 자신감이 붙었던 기억이 있을 것입니다.

## 우선은 '쉽게 할 수 있는 것'부터 가볍게 시작해 봐요

사람은 '나도 할 수 있구나'라는 희망을 품으면 할 마음이 솟는 존재입니다. 반대로 '나한테는 무리인데…'라며 무력감을 가지고 나아가면, 마치 자동차의 액셀과 브레이크를 동시에 밟은 것처럼 힘도 약하고 성과도 나지 않습니다.

일에서도 학업에서도 삶에서도 심지어 놀이에서도 어려운 과제에 도전할 때, 과제 전체를 한 덩어리로 보면 그 양과 복잡함에 압도되어 할 마음이 사라지는 법입니다. 그러니 그 일을 10분에서 1시간 이내로 할 수 있을 크기로 자르고 'To Do 리스트'를 작성해서 하나씩 하나씩 클리어해 보세요. 늘어나는 체크 표시에 성취감도 커지고 의욕도 더 생겨날 거예요.

여기에 추가로 하나 더 소개하면, 저는 할 마음이 생기지 않을 때는 일을 하나하나 더 '정성스럽게' 하려 합니다. 이를테면 이런 거죠. 외출은 해야 하는데 나가기 싫은 마음이 들면 평소보다 꼼꼼하게 세수를 하고 더 정성을 들여 화장을 해요. 옷을 고를 때도 장소를 고려해 센스 있게 스타일링해 입습니다. 그러면 자연스레 기분이 전환되고 현관을 나설 때는 '자, 즐겁게 다녀오자!'라는 마음으로 바뀌고 말지요.

'간단한 것부터' '10분 동안' '정성스럽게'를 기억하세요. 이 3종 세트만 있으면 의욕의 스위치가 켜져, 첫걸음을 내디딜 수 있어요. 자, 일단은 움직여 볼까요? 그러면 의욕이 생기고 자신감이 쌓인다는 사실을 기억하세요.

✓ 작은 일이라도 하나하나 끝내다 보면, 반드시 자신감이 쌓일 거예요.

> 휘둘리지 않기

# 12
# 세상의 평가에
# 미련을 두지 않는다

**친구의 합격을 축하해 주고 싶지 않아요**

"SNS로 잘 나가거나 무척 행복해 보이는 친구들을 볼 때마다 내가 초라하게 느껴져요."

"학교 다닐 때는 나보다 성적이 나빴는데 지금은 훨씬 많이 벌고 있는 걸 알고 질투가 나기 시작했어요."

"회사 면접 후 최종 불합격이라 완전히 자신감을 상실했는데, 친구도 떨어졌다는 말을 듣고 솔직히 조금 마음이 놓였어요."

이런 식으로 다른 사람과 자기를 비교하면서 자신감을 잃어버리는 사람이 많은 것 같습니다. 그 사람에게 질투가 나거나 그의 행복을 오롯이 축하하고 기뻐하지 못하는 자신이 싫었던 경험도 있을 것입니다.

그런데 이것도 습관의 영향이 큽니다. 우리는 어려서부터 형제나 주변 친구들과 비교당하며 자라 왔습니다. 학교 성적은 물론이고 하다못해 체육 대회 달리기 등수도 경쟁해야 했으며, 외모와 가정 환경에 따라서도 받는 대우가 달라지거나, 그런 모습을 바라보며 은연중에 '나도 다른 사람만큼 못하면 함부로 대우받겠구나'라는 불안과 두려움을 가슴에 새겼을 거예요. 어른들의 말 한마디에 깊은 상처를 받은 적도, 반대로 하늘을 날 것처럼 기뻤던 적도 있었을 것입니다. 특히 혼자 힘으로 살아갈 수 없는 어린 시절에 주변 어른의 인정을 받지 못하는 것은 생존이 걸린 문제였을 거예요.

성인이 되었다고 해서 비교에서 벗어날 수 있는 건 결코 아니에요. 취업, 영업 실적, 승진, 결혼 등 다른 사람과 비교되고 평가되는 순간이 끊임없이 찾아와요. 솔직히 말해 누구나 몸담고 있는 회사의 이름값과 그에 따라 연상되는 연봉, SNS 팔로워 수, 애인 유무, 외모와 스타일 등 상대방과 자신을 딱 놓고는 '내가 위'라거나 '내가 아래'라며 저울질해 본 적이 있을 거예요.

저는 '모든 사람의 가치는 평등하다' '사람을 비교하고 판단해서는 안 된다'처럼 교과서 같은 소리를 하려는 게 아닙니다. 오히려 비교와 평가는 항상 있는 것이므로 그런 것에 흔들리지 말고 '그게 뭐가 중요한데요?' '나의 가치는 내가 정하겠습니다만'이라며 뚫고 나오는 게 중요하다고 말하고 싶어요.

자신감 있는 사람이라면, '다른 사람 얘기는 이제 그만, 나는 내 길을 갈 거야'라는 믿음을 가지고 있어요. 이들은 다른 사람이 뭐라 하든 별로 관심을 기울이지 않은 채 내 일에 전념하죠.
  누구나 좋은 평가를 원하고 기대합니다. 그렇다고 해서 '세상의 평가'가 곧 '나 자신의 가치'라고 여긴다면 큰 착각이에요. 오히려 자신의 이상을 추구하는 것 자체에서 깊은 만족감과 자존감을 채울 수 있음을 꼭 기억하세요.

많은 성인이 한결같이 강조했듯이 타인과의 경쟁, 비교에만 열중하면 결국 자기 인생만 망가질 뿐입니다. 특히 자본주의 세계는 성과를 중시해 사람을 기계처럼 일하게 하고 소비 행동을 촉진하기 위해 경쟁을 부추기는 경향이 있어요. 절대 여기에 휩쓸려서는 안 됩니다. 타인과의 비교나 경쟁만큼 자신의 행복과 자존감을 떨어뜨리는 것은 없습니다.

## 내 인생을 책임지는 사람은 나뿐이에요

저도 20~30대 때 '저 사람은 참 대단하네. 그에 비하면 나는…' 하며 좌절하기 일쑤였어요. 그러다 또 어디서는 '저 사람에 비하면 아직 난 괜찮네' 하며 안심하는 비겁한 마음이 들기도 했어요. 타인과 비교하며 일희일비하고, 다른 사람의 인정을 받아내기 위해 애쓰는 내가 정말이지 싫은 나머지 한때는 주변을 의도적으로 차단하고 '나는 대체 뭘 하고 싶은 건가' '나는 어떻게 살고 싶은 건가?'라며 깊은 고뇌에 빠진 적도 있습니다.

그러다 30대 후반이던 어느 날, 아주 오래전에 머릿속에서 지워 버린 꿈이 가물가물하게 떠올랐어요. 해외의 아이들을 취재해서 그들의 삶을 생생하게 전달하는 것이었어요. 생각이 풍선처럼 점점 커져 가자 친구들에게 이야기했지요. 그때 "좋은데!"라고 응원한 사람은 단 한 명뿐이었어요. 나머지는 "이젠 그런 꿈을 따라다닐 나이는 지나지 않았니?" "나이도 나이니, 그냥 남들처럼 결혼하고 한곳에 정착하지, 그래?"라는 부정적인 반응들뿐이었습니다. 하지만 그럴수록 그들이 내 인생을 책임져 주는 것이 아니라는 생각이 강해졌어요. 내 행복을 가장 깊이 생각하고 내 인생에 책임을 지는 사람은 나뿐이니까요.

'그래, 이제부터는 내가 좋아하는 것을 하며 살자.'

그로부터 몇 달 후에 진짜로 일을 그만뒀고 그리던 꿈을 실현했습니다. 그 과정에서 커다란 자신감을 얻었으며 책도 출간했지요. 그런데 참으로 재미있는 점은 인정받기 위해 필사적으로 발버둥을 쳤을 때보다 '어쨌든 나를 믿어 보자'라며 나에게 전념했을 때 결과적으로 다른 사람의 인정을 받은 것입니다.

'다른 사람이 나를 인정할 것인가 아닌가'는 그의 영역이므로 내가 신경 쓴들 어찌할 방법이 없습니다. 다른 사람과 비교하면서 자신을 올리거나 낮추거나 하는 것 역시 무의미합니다. 물론 '저 사람과 나는 무엇이 다른 걸까?' '저 사람이 노력한 것처럼 나도 열심히 해 보자'처럼 뭔가 배울 점을 얻거나 격려가 된다면 의미가 있겠지요. 또한, 내가 질투해 온 상대를 '대단하네' 하고 솔직하게 인정하면 더는 질투나 자아비판에 마음을 빼앗길 일은 없을 것입니다.

인생에서 이겨야만 하는 경쟁 같은 건 존재하지 않아요. 그걸 깨닫게 되면, 기분 좋게 자신의 길을 걸어갈 수 있을 거예요.

✔ 자신감 없는 사람은 굳이 주변과 비교해 자신감을 더 떨어뜨려요.

> 새로운 습관 정착시키기

# 13
# 사람은 쉽게
# 변하지 않는다는 말을
# 믿지 않는다

**나란 인간은 너무 의지가 약해 빠졌어요**

이런저런 역경에도 어쨌든 계속하는 것, 이미 습관으로 자리 잡은 것이 자신감이 된다고 지금까지 말해 왔습니다. 물론 '안다고요! 그렇지만 아무리 간단한 것이라도 계속하는 것 자체가 어렵다니까요!?'라며 반발심이 생기는 사람도 있을 것입니다.

'작심삼일'이란 말도 있듯이, 새롭게 시작한 일을 습관으로 정착시켜 지속하기란 정말로 쉽지 않습니다. 누구나 한 번쯤은 이런 경험을 해 봤을 거예요. 연초에 '올해는 아침에 좀 일찍 일어나서 영어 회화 공부해야지'라거나 '저녁에 30분 정도 걷기를 하자, 나이도 나이이니 건강을 좀 챙겨야겠어'라고 마음먹었지만 사흘도 못 넘기고 흐지부지된 경험 말이에요.

 이것 말고도 '다이어트해야지' '30분 일찍 출근하자' '매달 꼬박꼬박 저축해야지' '일기를 써 보자' 등 이런저런 일을 시작하고는 어느새 귀찮아져 그만둔 적도 없지 않을 것입니다. 그러고선 지속하지 못했던 자신에게 '나란 인간은 어째 이렇게 의지가 약한지…'라며 실망하고, 자신감을 잃어버린 적도 많았을 거예요. 저 역시 작심삼일은커녕 단 하루 하고 끝났던 적이 셀 수 없이 많았습니다.

 새로운 습관이 정착하기 힘든 이유는 지금의 안정된 상태를 유지하려는 인체의 항상성인 '호메오스타시스 homeostasis' 때문입니다. '지금이 안정되어 있으니까 이대로가 좋아, 새로운 걸 하면 위험하고 에너지도 소모되니까 싫어'라며 몸도 마음도 저항하는 것으로, 그 옛날 극한 생존 환경에서 살아남기 위해 갖게 된 시스템입니다. 그래서 의식은 '변하고 싶어'라고 외칠지라도 무의식에서는 '변하고 싶지 않아'라며 전심전력으로 반발하고 있기에 우리가 작심삼일이 되는 것도 무리는 아니라는 뜻이지요.

그래서 우리가 '이제부터 밝고 활기찬 사람이 될 거야!'라며 강하게 마음먹고 성격을 바꾸려 해도, '이제부터는 방을 깨끗이 정리하고 그 상태를 유지하겠어!'라고 가족 앞에서 선언해도 잘 되지 않았던 것이지요. 이 세상에 태어나 지금껏 조용하고 눈에 띄지 않는 성격이던 사람, 어질러진 방에서 지내 왔던 사람은 이것이 '안정된 상태'였기 때문에 그렇게 살아 온 것이에요. '사람은 그리 쉽게 변하지 않는다'라는 말이 변치 않는 진리인 이유가 바로 이것입니다.

### 하다 쉬고 하다 쉬어도, 어쨌든 21일 동안 지속하기

하지만 걱정하지 않아도 돼요. '사람은 쉽게 변하지 않는다'라는 것을 역으로 이용해 새로운 습관을 들이고 조금씩 조금씩 자신을 바꿔 갈 방법이 있으니까요. 어떤 것을 21일(3주) 동안 지속하면 그것이 '안정되어 심신이 편안한 상태(컴퍼트 존)'가 되고 무의식에도 자리 잡아 마침내 습관으로 정착됩니다. 그러니 온갖 방법을 총동원해서라도 21일 동안은 계속하겠다고 굳게 마음먹었으면 좋겠습니다. 방법은 다음과 같아요.

첫째, 진입장벽을 극도로 낮춰야 합니다. '책을 매일 읽는다'

라고 정했다면 1페이지를 읽어도 괜찮습니다. 조금이라도 실천했다면 '한 일'로 인정하고 '1점'으로 칩니다. 이때, 100점을 목표로 해서는 안 돼요. 지금은 점수가 아니라 실행에 중점을 둬야 하기 때문입니다. 일단 한 번 실행하면 자신감 저축도 짤랑하고 쌓이니 금화 한 닢이 쌓이는 그런 이미지를 머릿속으로 그려 보세요.

 둘째, <u>쉬어도 괜찮습니다.</u> '작심삼일형 인간'은 그 행동을 사흘간 지속하지 못하면 '이번에도 역시 사흘도 못 했구나!' 하며 자책하다가 결국은 또 포기하고 맙니다. 그러나 어찌 되었든 사흘째를 맞이하지 못했다면, 며칠 후에 해도 상관없어요. '하다 쉬고 하다 쉬어도 어쨌든 하기만 하면 돼'라고 생각하면 자신감 저축도 짤랑짤랑하고 쌓일 것입니다. 단, 쉬는 기간을 너무 길게 잡으면 엉덩이가 무거워지니 될 수 있으면 가볍게 쉬고 툭툭 털고 일어나 실행하세요.

 셋째, <u>지금까지 해 온 습관과 한 세트로 묶는 것입니다.</u> 예를 들면 이렇습니다. 점심밥을 먹기 전에 스쾃(양발을 좌우로 벌린 채 발바닥을 바닥에 밀착하고 무릎을 구부렸다 폈다 하는 근력 운동) 10개 하기, 목욕하면서 영어 단어 3개 외우기, 언제나 하던 인사말에 한 마디 추가하기처럼 말이죠. 즉, '어떤 타이밍에, 어떤 장소에서, 무엇을 할 것인가'를 정해 두면 깜박하려야 할 수도 없고, 언제나 하던 습관 안에서 잠깐 하는 것이니 실천하기도 어렵지 않아요.

이에 더해, 기록으로 남기는 것도 효과가 커요. 다이어트를 한다면 체중을 기록해 추이를 살피고, 어떤 일을 계속하고 싶지만 불쑥 치고 들어오는 게으름이 신경 쓰인다면 실행한 날에는 달력에 예쁘게 동그라미를 그려 보세요. 노력의 흔적이 고스란히 배어 있어서 저절로 격려받는 느낌이 든다니까요. 환한 미소를 지으며 돈이 얼마만큼 쌓였는지 통장 잔고를 확인하는 모습과 달력을 바라보는 표정이 똑같지 않을까요?

이와 같이 하면 습관이 되는 동시에 호메오스타시스도 해제되어 컴퍼트 존의 레벨도 향상될 것입니다. 나도 모르는 사이에 이전보다 나은 자신이 되어 있을 것입니다.

오늘 하루도 실행한 나를 위해, 21일 동안 지속한 나를 위해 '오케이, 좋았어!' 하며 에너지를 불어넣어 볼까요?

✓ 한 번의 큰 행동보다, '작은 습관'이 나를 바꿔 나갑니다.

> 후회하지 않기 위해

## 14

# 싫지만 마지못해 하기보다
# 가슴이 시키는 일을 한다

**해야 할 일이 많아서,
하고 싶은 일을 할 시간이 없어요**

'출근하기 싫지만 일은 해야 하니까' '가기 싫지만 부서 회식 자리에 빠지면 안 되니까' '퇴근 후 피곤해 죽겠지만 집안 꼴을 이대로 둘 수는 없으니까'처럼 '싫지만 억지로 하는 일'은 안타깝게도 아무리 여러 번 해도 자신감으로 이어지지 않습니다.

'선택의 여지 같은 거 일절 없어, 그저 시키니까 어쩔 수 없이 하는 거지'라는 부담감이 깔려 있으면, 소극적으로 행동할 수밖에 없고 자신감은커녕 마지못해 하고 있는 나 자신도 한심하고 싫어질 거예요.

　여기저기서 이런 아우성이 들리는 것 같네요.

　"하루 대부분이 '해야 하는 일'로만 가득 차서 '하고 싶은 일'을 할 시간조차 없다고요!"

　하지만 하루 종일 '반드시 해야 하는 일'에 휩쓸리는 사람의 말로는 후회로 가득 차게 됩니다.

　업무 스트레스로 마음의 병을 얻어 고통받는 사람이나 번아웃 증후군에 빠져 마치 실 끊긴 마리오네트같이 아무것도 못하게 된 사람도 예전에는 유능한 '일잘러'였고 책임감도 강한 성격이었을 것입니다. 이들은 '내가 안 하면 큰일이 날 거야'라는 불안감에 휩싸여 필요 이상으로 일을 우선시하느라 자신의 마음은 돌보지 않았을 거예요. 아니, '직원으로서 나는 어떻게 일해야 하는가' '가족으로서 나는 무엇을 해야 하는가'처럼 맡은 역할에 충실한 것을 최우선으로 삼았기 때문에 '나는 이러한 것을 하고 싶다'라는 욕구도 일어나기 힘들었을 테지요.

　게다가 놀랍게도 이런 사람은 '나이 들어서 하고픈 거 하며 즐기려면 지금부터 취미라도 찾아 놔야겠지?' '나중에 조금이라도 유리하게 이직하려면 뭐든 자격증을 따 둬야 할 거야'라며 취미나 교육까지도 의무적으로 생각합니다.

여기서 잠시, 사람들이 인생의 종착지를 눈앞에 두었을 때 가장 후회하는 5가지를 소개해 볼게요.

'나 자신에게 정직했더라면'
'너무 일에 매몰되지 않았더라면'
'내 마음을 그대로 전했더라면'
'친구와 자주 연락했더라면'
'행복을 포기하지 않았더라면'

그때 자신이 '반드시 해야 한다'라고 굳게 믿던 일의 대부분은 사실 안 해도 전혀 지장이 없는 것들이었어요. 지금 잠시 생각해 보세요. '내 인생에서 진짜로 우선시해야 할 그 어떤 것'이 있는데도 모르고 있는 건 아닐까 하고 말입니다.

## 갈팡질팡할 때는, 머리가 아닌 가슴에 물어보세요

인생이란 긴 시간 동안 무엇을 할지는 전적으로 자기 자신에게 달려 있어요. 나는 하루 24시간을 '하고 싶은 일만 한다'로 정했습니다. 그래서 마음이 내키지 않는 식사 자리 같은 건 모두 거절했지요. 문서 정리나 방 청소 등 마음이 내키지는 않지만 필요하다고 생각되는 일은 깔끔한 환경에서 지내기 위해 '하고 싶은 일'로 전환하고 즐겁게 할 수 있도록 방법을 궁리했어요. 업무 마감을 지키는 것도, 가족으로서의 역할도 '모두 나를 위해서 하는 일이므로 내가 선택한다'라고 생각을 능동적으로 전환하면 마음도 가벼워지고 주체적으로 행동할 수 있게 됩니다.

간혹 이럴까 저럴까 갈팡질팡할 때는 '어떻게 해야 할까'라며 머리로 생각할 게 아니라 '어떻게 하길 원하는가'처럼 자신의 '감정'을 들여다봐야 해요. 우리의 감정은 나를 행복하게 해 주는 게 무엇인지 잘 알고 있기 때문이지요. 단, 주의할 점은 '쾌락'과 '행복'을 혼동하지 말아야 한다는 것입니다. 쾌락은 단순히 기분이 좋은 것을 말해요. 맛있는 것을 먹으며 '흐음, 행복해', 갖고 싶었던 것을 사면 '행복해' 하고 느끼는 것처럼 말이죠. 놀이, 전신 마사지, 수면 등은 일상에서 생긴 심신의 피로는 풀어 줄지언정 그것 자체만으로 행복해질 수 없어요. 오히려 쾌락에 빠져 있으면 '내가 살아 있음'을 실감하지 못하고, 잠깐 제정신이 들었을 때 스스로 자책하고 자기 인생이 허무하게 느껴지기도 하죠.

진정한 행복이란 '욕구를 채우는 것'만이 아니라 때로는 '욕구를 자제하는 것'이기도 해요. 놀고 싶은 마음을 참고 공부하는 것, 나의 일을 조금 미루고 어린 자녀나 연로한 부모부터 돌보는 것, 세상과 떨어져 외로움과 적막함 속에서 예술 창작에 몰두하는 것 안에는 반드시 '성장'과 '만족'이 있어요.

많은 사람이 실감하고 있듯이 그러한 과정이 힘들면 힘들수록, 시간이 오래 걸리면 걸릴수록 그에 대한 보답을 얻었을 때의 행복감은 말로 표현하지 못할 만큼 크고 감동적입니다. 아니, 손에 쥔 결과뿐 아니라 '나도 해낼 수 있어'라는 희망으로 나아갔던 순간순간들이 모두 다 행복이지 않을까요?

이처럼 지금 이 행동을 하는 '나를 믿는가' '나를 좋아할 수 있는가'가 선택의 판단 기준이 되므로 혹시 마음이 갈팡질팡할 때는 가슴에 손을 얹고 '감정'에 꼭 물어보세요. 인생은, 내가 우선시하는 것부터 다가오게 되어 있으니까요.

'내게 행복이란 무엇인가?' '나는 무엇을 소중히 여기는가?'를 알고 그것에 먼저 시간을 들이는 행동은 내 인생을 책임지는 것과 다르지 않습니다.

✔ 인생의 만족도는 '우선해야 할 일'을 소중히 대하고 있는지로 결정됩니다.

**'오리지널리티'의 힘**

## 15

# 남과 다른 일,
# 나만이 할 수 있는 일 하기

### 남들처럼 해 보려 하지만, 잘 되지 않아요

세계를 한 바퀴 돌며 여행했을 때 일입니다. 소위 개발도상국이라 불리는 동남아시아, 아프리카, 중남미 사람들의 톡톡 튀는 활력에 압도당했죠. 아이들이 보석 같은 눈동자를 반짝이며 자유롭게 들판을 내달리고, 높은 바위에서 강으로 풍덩풍덩 뛰어내리고, 소리 높여 맑고 상쾌하게 웃는데, 어찌나 눈이 부시고 생명력이 가득한지 이루 말할 수 없을 지경이었습니다. 어른들도 마찬가지였어요. 농부든 목수든 대장장이든 어부든, 모두 땀을 닦아 낼 새도 없이 자기 일을 열심히 하는 모습이 너무나

아름답고 자신만만해 보였습니다.

그런데 한적하던 마을 여기저기에 다국적 기업의 공장이 들어서자, 사람들은 그곳에서 일하기 시작하며 생기를 잃어버렸어요. 오후 5시가 되자마자 똑같은 작업복 차림으로 우르르 퇴근하는 사람들의 얼굴은 피곤에 절어 무척 위축돼 보였습니다.

그로부터 몇 달 뒤, 귀국해서 마침 퇴근 시간의 지하철을 탔는데 많은 사람이 앞서 말한 회색 작업복의 그들처럼 기운도, 자신감도 전혀 없어 보였습니다. 그리고 이는 예전의 제 모습이기도 했습니다.

남들처럼 해 보려 했지만 잘 되지 않았어요. 칭찬은커녕 실패만 하던 저는 자신감을 완전히 잃어버렸습니다. 자신이 없으니 다른 사람과 같은 일을 하며 안심하려고 했으나 이마저도 잘 되지 않던 무한 반복 실패 사이클….

그랬던 제가 자신감을 얻게 된 건, 내가 있는 장소에서 '나만이 할 수 있는 일'을 찾고 실천하면서부터였어요. 의류 매장에서 매니저로 일할 때인데, 상사로부터 "판매 능력이 없다." "남자 매니저들은 무거운 짐도 척척 옮기더라."라는 말을 들을 만큼 인정받지 못했고, 나 자신을 자책했었죠.

그러다가 '애초에 불가능한 것은 어쩔 수 없어'라며 받아들일 건 받아들인 다음, "역시 여성 매니저라 다르군요!"라고 인정받을 만큼, 여성으로서의 강점을 찾았어요. 이를테면 고객 응대와 매장 청소에 힘을 쏟아, 사내 포상을 받기도 했습니다. 이처럼 내가 일했던 각각의 일터에서 남들과는 다른 나만의 '기여 포인트'를 찾아내어 행동함으로써 인정받고 소속감도 느끼게 되었으며 마침내 자신감도 회복했습니다.

### 누구에게나 '오리지널리티'가 있어요

조직 안에서 자부심을 갖고 일하며 주변의 신뢰를 받는 사람을 보면, 그 사람만 할 수 있는 '오리지널리티 Originality'를 가지고 있습니다. 그런데 업무 처리를 잘하는 소위 뛰어난 능력자만 '오리지널리티'가 있는 게 아니에요. 동료의 고민을 잘 들어 주는 사람, 프레젠테이션 자료를 잘 만드는 사람, 상황에 맞춰 회식 장소를 잘 찾는 사람 등 자신이 할 수 있는 것에 최선을 다하다 보면 나만의 '오리지널리티'가 만들어지는 것입니다.

'오리지널리티'는 누구나 가진 '고유한 개성'입니다. 여러분도 '오리지널리티'를 가지고 있어요. 따라서 천성, 경험, 취향, 감성, 세상을 바라보는 견해 등이 남과 조금 다르더라도 '괜찮아, 이게 나라는 사람이니까'라며 자신의 개성을 긍정적으로 받아들이고 더 발전시키세요. 그러다 보면 마침내 자신감도 쌓고 당당하게 자신을 표현할 수 있게 될 것입니다.

남들과 다른 '나만의 개성'을 소중히 여기세요. 설령 그것이 어찌 보면 부정적인 요소일지라도, 바꿔 말하면 '그래서 나만 할 수 있는 것'이니 말입니다.

그리고 남들의 시선에 신경 쓰기보다 좋아하는 것, 잘하는 것, 흥미가 있는 것에 끝까지 집중하세요. '이것만큼은 정말 자신 있어'라고 할 수 있는 것이 한 가지라도 있으면, 다른 결점은 눈에 띄지 않게 되니 훨씬 살기 편해집니다.

또 다른 사람들에게 기쁨을 주는 걸 소중히 여기세요. 자신의 장점은 노력하지 않아도 이미 완성됐기 때문에, 평소에는 잘 모르는 법이에요. 그러다 다른 사람이 나로 인해 기뻐할 때 비로소 내 장점을 깨닫게 되잖아요.

'나한테도 나만 할 수 있는 게 있었구나'라고 하나라도 자각할 수 있으면, 그것을 갈고 닦아 점점 더 많은 사람에게 도움이 되고 의지가 될 거예요. 그때는 '나는 어디에나 있는 흔한 존재야'라는 생각이 완전히 사라질 것입니다.

또 일상을 살면서 옷을 고르거나 인테리어를 구상할 때, 책이나 음악을 고를 때, 여행지를 선택할 때 '이게 좋아' '이것에 가슴이 설레'처럼 마음의 소리에 따라 행동하는 것도 자신을 긍정하고 '오리지털리티'를 키워 가는 방법입니다.

'남들과 다른 점'은 모두 당신만의 매력이 되고 자신감으로 이어집니다.

✓ '오리지널리티'를 발전시키면 오히려 살기 쉬워져요.

'셀프 이미지' 바꾸기

# 16

# '난 안 돼'라고 생각하는 한, 비참해질 수밖에 없다

**결코 나아질 게 없으니,**

**나 자신이 너무 초라해 보여요**

동남아시아의 한 시장에서 일하는 어린이들을 취재한 적이 있어요. 그런데 어린아이 같지 않은 언변에 놀란 적이 한두 번이 아니었어요. 예닐곱 살 정도밖에 안 되어 보이는 아이가 기념품 가게에서 영어, 일본어, 프랑스어를 써 가며 "부모님이 편찮으셔서 제가 대신 일을 해야 해요." 하고 거짓말까지 보태어 능수능란하게 호객 행위를 했어요. 손님에게 팁도 꽤 두둑이 받더군요.

게다가 네다섯 살쯤 되어 보이는 어린아이는 자기보다 더 어린 동생을 등에 업고 익숙한 손놀림으로 프라이팬을 들썩이며 다량의 볶음밥을 척척 만들어 내기도 했어요. 그 당당하고 자신감 넘치는 몸짓을 보며 대단하다고 생각하면서도, 한편으론 측은함과 안타까움이 섞인 복잡한 감정에 휩싸였습니다. 상황의 옳고 그름은 나중에 판단하기로 하고, 이유를 막론하고 가족 부양이라는 어른의 역할이 맡겨졌기에 결과적으로 아이는 성인 수준의 능력을 갖추게 된 것이겠지요.

이처럼 아이들은 주변 어른이 나를 어떻게 생각하고 대하는지에 따라 자신을 대하는 방식을 결정한다고 합니다. 이것은 훗날 내가 어른이 되어 만나는 사람이 나를 대하는 방식에까지 영향을 미치지요. 자신은 어떤 성격이고 무엇을 잘하고 잘하지 못하는지, 내가 사는 환경은 어떠한지, 나에게는 어느 정도의 가능성이 있는지 등 내가 생각하는 나 자신의 이미지를 '셀프 이미지Self-image'라고 합니다. 그리고 자신감 높은 사람들은 예외 없이 셀프 이미지도 남달라요.

유명 프로 야구 선수가 초등학교 졸업 문집에 "장래에 나는 청소년 야구 대표팀의 에이스 선수가 될 것이다, 지금 열심히 연습하고 있으니 반드시 될 수 있다고 생각한다."라고 쓴 글이 화제가 된 적 있습니다. 물론 그는 재능이 있었고 주변의 도움도 컸지만, 어려서부터 가지고 있던 남다른 셀프 이미지 덕분에 지금의 위치에 오를 수 있었다고 생각합니다.

만일 그가 '어차피 난 선발까진 안 될 거야' '아무도 나를 인정해 주지 않겠지?' '아, 망했다'라며 자신의 미래 모습을 그렸다면, 비참해질 수밖에 없지 않았을까요? 다양한 세상만큼 다양한 셀프 이미지가 있을 것입니다. '주차할 때마다 운이 좋은 나' '낯을 좀 가리는 나' '다른 사람에게 친절한 나' '게으를 때도 있지만 일단 시작하면 제대로 파고드는 나' 등 말입니다. 이러한 이미지는 그게 좋은 것이든 그렇지 않은 것이든, 과거의 경험과 지금까지의 생각으로 만들어진 것입니다. 그런데 우리는 신기하리만큼 이 이미지대로 반응하고 행동하고 있어요. 즉, '우리의 현실은 셀프 이미지대로 만들어진다'라고 해도 과언이 아니죠.

### '내가 원하는 최고의 나'를 이미지화하세요

여러분은 어떤 셀프 이미지를 가지고 있나요? '아이고! 큰일 났네. 난 맨날 멍청하다고 그랬는데…. 게다가 돈도 못 버는 한심한 인간이라고도 했고. 맙소사, 죄다 부정적인 셀프 이미지였어…'라고 생각하며 땅이 꺼지라 한숨을 쉬고 있다면, 걱정하지 않아도 돼요. 방법이 있으니까요.

▶ **셀프 이미지를 업그레이드하는 방법 3가지**
1. '어떤 내가 되고 싶은가', 되고 싶은 모습을 머릿속에 그린다.
2. 그 이미지에 합당한 작은 '행동'을 늘려 나간다.
3. 인간관계, 사는 곳, 일하는 장소 같은 '환경'을 바꿔 나간다.

<u>첫째, 지금의 셀프 이미지가 어떻든 상관하지 말고, 차분히 나 자신을 들여다보세요.</u> '나는 어떤 사람이 되고 싶은가' '나는 어떻게 살고 싶은가'에 대한 답을 찾으면 셀프 이미지도 바뀌어요. 예를 들면 '성숙한 어른답게 행동하고 싶다' '심플 라이프를 실현하고 싶다'로 정했다면 그로 인해 세상을 바라보는 관점, 나의 선택, 표현하는 말과 행동도 자연히 바뀐다는 뜻이죠.

<u>둘째, 그 이미지에 들어맞는 '행동'을 늘려 나가야 해요.</u> 잘 되지 않더라도 반복하면 조금씩 조금씩 그 이미지와 가까워지는 자신을 느낄 수 있을 거예요. 그래서 해외 바이어와 영어로 비즈니스를 하는 내 모습을 셀프 이미지로 삼고 꾸준히 영어 학습을 해 나가면 '초급 회화가 가능해진 나'에서 '상대의 말을 깊이 이해할 수 있게 된 나'처럼 셀프 이미지도 따라서 업그레

이드될 것입니다.

셋째, 인간관계와 환경을 과감히 바꾸어 보세요. "먹을 가까이하면 자신도 모르게 검어진다."라는 말처럼 사람은 주변의 영향을 받기 마련입니다. 평소에 늘 가던 장소를 바꾸는 것만으로도 효과가 나타나요. 저는 정말로 이루길 바라는 소망이 있을 때, 이미 그 소망을 거의 이룬 사람들과 교류하거나 기회를 얻기 쉬운 곳으로 과감히 이사를 하기도 했어요. 그랬더니 주변의 자극을 받아 더 움직이고 싶어졌고, 나만의 성취 방법도 찾을 수 있었죠.

셀프 이미지는 포용력이 상당히 커서 '나는 운이 좋아' '나는 운이 나빠' '하기만 하면 해낼 수 있어' '할 수는 있는 걸까?' 등 온갖 것을 전부 담을 수 있어요. 어떤 이미지를 골라 믿을지는 본인에게 달려 있어요. 그러니 부디 최고의 셀프 이미지를 갖길 바랍니다. 적어도 본인만큼은 자신을 긍정적으로 바라보고 끝까지 믿어 보세요. 그 믿음대로 이루어질 테니까요.

✓ 일도 공부도 환경이 먼저 만들어져야, 노력이 효과를 발휘하는 법입니다.

자신감 심기

## 17

# 자신 없더라도
# 일단 자신 있게 행동한다

겉모습이 자신감에 영향을 준다던데,
정말 그런가요?

앞에서 셀프 이미지를 바꾸는 방법을 소개했는데, 단숨에 효과적으로 바꾸는 비책도 있긴 합니다.

첫 번째는 바로, 옷이나 머리 스타일 등 '겉모습'을 챙기는 것이죠. '참나, 겨우 그런 거였어?'라고 생각하고 있다면, 제 이야기를 잘 들어 보세요. 뜻밖에도 외모는 심리적인 영향력이 커서, 다른 사람도 눈에 보이는 대로 나를 판단하게 돼요.

한 번쯤은 경험해 봤을 거예요. 너무 오래 입어서 목둘레며 팔꿈치가 다 늘어나고 색도 바랜 옷을 대충 걸쳐 입고 편의점에 가려고 문밖을 나설 때는 '후딱 갔다 와야지, 누구랑 마주칠라' 하며 발걸음이 바빠져요. 반면에, 멋진 옷을 차려입고 나설 때는 '아, 기분 좋다' 하면서 허리도 꼿꼿이 펴고 구두 소리도 경쾌하게 당당히 걷게 되죠.

게다가 겉모습에 따라 주변 사람들이 나를 대하는 태도도 확연히 달라져요. 내가 정장을 갖춰 입고 공식적인 모임에 참석하면 곁에 다가와 정중한 말투와 다소곳한 자세로 관심을 표현하는 사람이 훨씬 많아요. 나 역시 옷만 달리 입었을 뿐인데, 상대의 말에 더 집중하고 말투나 행동도 공손하게 바뀌죠.

이처럼 다른 사람 앞에 서야 하는데 살짝 긴장될 때는 가장 먼저 자기 외모부터 깨끗하고 단정하게 정돈하고, 척추를 꼿꼿이 바로 세워 보세요. 그리고 턱을 살짝 들어 올리고 자신 있게 행동해 봐요.

자신감은 우리가 입을 수 있는 가장 품격 높은 옷이에요. 게다가 표정까지 바꾸어 주며, 몇 배나 더 매력적으로 보이게 만들어 주죠.

두 번째는 '말'이에요. 말에도 자신감을 만드는 힘이 있어요. 독학인 데다 경험이라고는 전혀 없던 제가 갑자기 사진 작가가 되었을 때, 솔직히 말하면 잘할 자신이 없었어요. 어딘가 쥐구멍이 있으면, 숨고 싶을 정도였죠. 하지만 고객이 "요리 사진을 찍을 수 있나요?" "건축물을 사진 촬영하고 싶은데, 가능합니까?"라고 묻자, 해 본 적 없음에도 이렇게 대답했어요.

"물론, 가능합니다."

그것도 고객이 불안해하지 않도록 침착하고도 단호한 목소리로 말이죠.

그런데 정말 신기하게도 "가능합니다."라고 말하니까 진짜 가능하게 되지 뭐예요. '일전에 사진 찍었던 그 방법을 응용하자'라거나, '어떻게 찍을지 일단 자료를 찾아보자' '이 부분은 선배 사진 작가에게 물어봐야겠어' '미리 좀 연습해 두자' 등 할 수 있는 방법을 총동원해서 어떻게든 해내려고 했어요. '허풍'은 내용이 따라 주지 않으면 불신을 초래하지만, 성장을 위한 과정으로 생각하고 그에 맞춰 하나하나 실천해 나가면 결국 자신감이 돼요. 그러면 남들도 나를 신뢰할 수밖에 없지요.

또, 일할 때도 일상에서도 '나도 자신감이 있었으면 좋겠어'라거나 '하, 자신감 상실 일보 직전이네'처럼 우울감이 느껴질 때는 자신에게 기운을 북돋는 말을 해 주세요. '나는 해낼 수 있어' '나는 운이 좋은 사람이니까 괜찮을 거야' '기적은 나를 끝까지 믿을 때 일어나는 거야, 그러니 흔들리지 말자' '나는 꼭 이 일을 해낼 거야' 같은 말을 여러 번 반복하는 거죠. 자기 암시는 말을 통해 이루어집니다. 자신 있는 것처럼 행동하면 무의식은 그게 가능해지도록 방법을 찾고, 자신감도 뒤따라와요.

세 번째로, 자신감이 없을 때 가볍게 할 수 있는 해결 방법이 바로 '모델링'이에요. 즉, 다른 사람을 역할 모델로 삼고 따라 하는 거죠. 새 직장에서 선배가 어떻게 전화 통화를 하는지, 영업 자리에서 고객에게 어떻게 말하는지, 자료 작성 등은 어떻게 하는지 곁에서 살펴보고 따라 하다 보니, 나도 모르게 응대하게 되고 자신감도 생겼던 적이 있을 거예요. 존경하는 사람이든, 역사 속 인물이든, 드라마 캐릭터든 다 좋아요. '그 사람이라면 이럴 때 이렇게 하겠지?'라며 그 사람이 됐다 치고 행동하면 되니까요.

저 역시 작가가 되길 꿈꿀 때 좋아하는 여성 작가의 에세이를 여러 번 읽고, 그녀와 비슷한 만년필을 사용하기도 했어요.

그리고 마감일 직전에는 그녀처럼 호텔에 틀어박혀 작업에 매진했죠. 그랬더니 신기할 정도로 사고 패턴, 행동 패턴이 비슷해지는 것을 느꼈지요. 이 밖에도 '이렇게 미소 지으면서 따뜻하게 포용해 주는 사람이 되고 싶다' '이 사람처럼 심플한 사고방식과 군더더기 없는 행동을 배우고 싶다' '이 캐릭터처럼 자기 자신을 굳게 믿는, 의지가 강한 사람이 되고 싶다'라고 생각하며 누군가를 따라 하고 싶었던 적이 있었지요. 나만의 지침서를 만들 듯이 배우고 싶은 부분을 따라 하다 보면, 완전히 똑같지는 않더라도 '나도 할 수 있다'라는 생각이 들 거예요.

'겉모습' '말투' '모델링'은 자신감을 저축하는 좋은 방법이에요. '되고 싶은 내 모습'에 가까이 다가가는 작지만 소중한 발걸음이 자신감을 차츰차츰 키워 줄 거예요.

✓ 자신감이란 습관입니다. 자신 있는 듯 행동하면, 자연스럽게 몸에 배기 마련입니다.

> 기회를 놓치지 않기

# 18

# 해 본 적 없어서 불안해도 자신감 제로는 아니다

**기대 반, 불안 반이라면 도전해야 할까요?**

"새롭고 흥미로운 일에 도전할 때 처음에는 마음이 설레고 기대에 부풀지만, 점점 불안감이 커져 결국 하지 않는 쪽을 선택하죠."

시도해 본 적 없는 패션이나 화장법, 처음 해 보는 '나 홀로 캠핑', 처음 접한 '운동 프로그램', 지금껏 해 온 것과 다른 업무, 전혀 배워 본 적 없던 새로운 분야를 공부하는 것 등 어떤 일이든 마찬가지입니다. 많은 사람이 '새로운 것에 도전해 보려고' '나의 한계를 깨보고 싶어서' '내 가능성을 확장하려' 하지만,

'그래도…' 하면서 기대와 불안이 뒤섞인 상태가 되곤 합니다.

　인간은 원래부터 도전 욕구를 갖고 태어난다고 합니다. 새로운 것을 접하면 호기심이 생기고, 보고, 듣고, 만지며, 감동하기도 합니다. 그래서 즐거워지면 뇌 속의 쾌락 물질인 '도파민dopamine'이 점점 더 많이 분비되어 자꾸자꾸 하고 싶어진다는 것입니다.
　그런데 또 한편으로 인간의 뇌는 생존을 위해 불안 요소에 반응하고 대응하는 시스템도 갖추고 있어서 성장할수록 앞날을 예측하는 능력도 커진다고 해요. 그래서인지 '해 보고 싶어!'라는 순간은 기대로 설렐지라도 그 충동은 길게 가지 않아요. '좀 귀찮아질 것 같긴 해'라거나 '시간도 없을 테고 돈도 들 텐데 무슨…' '역시 잘 못할 것 같아'라는 불안이 우위에 서면서 브레이크를 걸어 버리죠.

　누구든 미지의 세계에 뛰어들 때는 어느 정도 불안감을 느낍니다. 그렇지만 '근자감'이 있는 사람들은 '해 보지 않은 거니까 일단은 해 보자'라며 설렘이 큰 상태에서 곧바로 해 버리는 습관이 있어요. 지체하지 않고 행동으로 옮기다 보니, 그렇게 불안해하지 않아도 괜찮더라고 경험적으로 알게 된 것이죠.

저 역시 '하고 싶은 일은 곧장 하는 습관'이 있기 때문에 작은 도전에는 불안함을 전혀 느끼지 않아요. 어려운 도전이라면 불안한 마음이 살짝 올라오기도 하지만, '기대 반, 불안 반' 정도의 상태일 때가 일단 해 보려는 의지도 크고 자신감으로 이어졌던 것 같습니다.

어느 심리학 실험 결과를 보면, '성공률이 50%일 때 무언가에 도전하고픈 마음이 최대치가 된다'라고 합니다. 그래서 일에서도, 게임에서도, 공부에서도 '잘할지 어떨지 알 순 없지만, 일단은 해 볼까?' 하며 조금 높은 레벨에 도전하는 게 재미있습니다.

언젠가 한 친구가 음식을 50가지나 만들어 가족을 초대하더군요. 또 다른 친구는 집을 셀프 인테리어로 꾸미고는 이렇게 말했습니다.

"주변 사람들이 모두 '그게 되겠냐?' 했던 것을 떡하니 해내는 게 얼마나 기분 좋은데!"

굵직한 성공 경험 덕분에 자신감이 쌓여, 점점 더 큰 도전을 할 수 있게 된 것이겠지요.

## 처음이라 해도 일단 해 보세요

하고 싶은 일은 곧장 하는 습관을 들이기 위해 '처음 해 보는 작은 일'부터 시작해 보면 좋겠어요. 대단한 결심이 아니더라도 상관없어요. 그냥 할 수 있는 소소한 것들이면 충분합니다.

또, 자신이 뭘 하고 싶은지 도통 못 찾겠다면 '처음 해 보는 작은 일'이 아주 효과적이니 적극 추천합니다. 집으로 돌아갈 때 안 가 본 길로 가기, 먹어 본 적 없는 음식 맛보기, 안 듣던 장르의 음악 듣기, 새로운 사람 만나기, 해 본 적 없는 레저 활동이나 놀이를 경험해 보기 등 해 봐야 비로소 알게 되는 게 세상에 얼마나 많은데요. '이건 뭘까?'라는 정보만이 아니라 '나한테 어울릴까?' '재미있을까?' '어떤 것에 매력을 느끼고 어떤 것에 시큰둥한가'처럼 자신을 아는 계기도 됩니다. 앞으로의 인생을 살아가면서 선택의 갈림길에 서 있을 때 판단을 도와줄 근거로도 쓰여, 자신의 '오리지널리티'가 선명해지고 깊어지는 것과도 관련이 있어요.

중요한 점은, '덮어놓고 싫어하지는 말자'라는 것입니다. 해 보지도 않고선 "이건 싫어." "웩, 끔찍해." "절대 못 해."라고 말하는 사람은 많은 기회를 놓치고 있는 것입니다. 어릴 때는 맛있었지만 어른이 되어 먹어 보면 별로인 게 있듯이, 일단 해 보면 좋아지는 게 있을지 모릅니다. 또는 솔직히 관심은 있지만, 이 요상하게 느껴지는 첫 관문을 어떻게 넘어가야 할지 몰라 그렇게 표현했는지도 몰라요. 일부러 자신이 잘하지 못하는 것에 도전함으로써 의외의 전개가 펼쳐질 수 있고, 커다란 자신감으로 돌아올 수도 있음을 기억하세요.

어쨌든 새로운 문을 열면, 새로운 인생이 기다립니다.

✓ '새로운 것을 하는' 습관은 자신감이 되고, 인생을 풍요롭게 해 줍니다.

사람에게 퉁명스러워질 때

# 19

# '다른 사람을 위해서'보다 내 선택을 따르기

**다른 사람을 위해 애쓰다 보니**

**오히려 자신감을 잃게 돼요**

내가 한 일로 인해 누군가가 기뻐하면, 그것만큼 큰 보람도 없습니다. 보람뿐인가요? 강한 자신감도 얻게 됩니다. 나만을 위한 일이었다면 그렇게 열심히 할 수 없었을 텐데, '그 사람이 좋아하는 얼굴을 보고 싶어서' '모두가 기뻐해 주니까' 신기하게도 더 힘이 나고 열심히 할 수 있게 되는 것이죠. 그래서 나 혼자 먹을 음식을 만들 때와 다른 누군가를 위해서 음식을 만들 때는, 들이는 정성부터가 달라집니다. 그것을 먹는 사람이 "맛

있어! 역시 달라!" 하며 엄지손가락을 치켜세우고 "고마워, 정말 맛있어."라며 웃어 주면, 뭐라 표현할 수 없을 만큼 행복감이 밀려오죠.

저는 책을 쓰는 사람이다 보니 때때로 독자의 편지를 받습니다. 한 번은 한 중학생에게서 편지를 받았습니다.

"책을 읽고서 다른 사람에 대한 태도를 조금 바꿔 봤어요. 그랬더니 주변 사람들의 반응이 완전히 달라졌어요. 깜짝 놀랐습니다."

90대의 여성은 이런 내용의 편지를 보내주었어요.

"혼자 살고 있는데, 하루하루를 즐겁게 살아야겠다고 생각했습니다."

이런 내용의 편지를 받으면, 괜스레 눈물이 날 만큼 기쁘고 '지금까지 이 일을 할 수 있어서 정말 행복해'라는 생각이 들죠.

나를 위한 돈을 벌기 위해, 자기만족을 위해, 자기계발을 위해 즉, '나를 위해서만'이라면 열심히 할 수도, 오래 할 수도 없어요. 반면 '이걸로 기뻐하는 사람이 있다' '직장 동료에게 도움이 된다' '가족을 위한 일이다' 하며 실감하고 나면, 자신이 하는 일에 애정과 긍지가 생기고 자부심도 갖게 되는 법이지요.

그런데 이때 조심할 게 있어요. '다른 사람을 위해' '회사를 위해' '가족을 위해'처럼 주변의 요구에 맞춰 열심히 움직이느라 자기 자신은 돌보지 않으면 결국 한계에 부딪히고, 그동안 용케 버텨 온 심신의 균형이 깨질 수 있어요.

이것은 상당히 심각한 문제입니다. 자각하지 못하는 사이에 회사의 강요에 못 이겨 과도한 업무에서 헤어나지 못하거나, 쉴 틈 없이 육아와 돌봄에 매달리다 보면 삶이 피폐해질 수 있기 때문이에요. 무의식적으로 다른 사람의 기대에 맞춰 사는 것이 습관이 되어, 자신의 희망과 꿈이 무엇이었는지조차 잊어버린 채 괴로워지기도 하죠. 이처럼 사람은 '오로지 남을 위해서'만 열심히 살아서는 안 됩니다.

### 다른 사람의 기쁨이
### 곧 나의 기쁨이 되어야 합니다

자신감을 쌓기에 가장 쉬울 때는 내가 한 일로 '다른 사람이 기뻐하고 나 역시 기뻐할 수 있는 상태'입니다. 나를 희생시키는 방식으로는 자신감이 쌓이기는커녕 오히려 불안과 분노, 질투심이 한꺼번에 휘몰아쳐 그나마 있던 자신감마저 집어삼키고 맙니다.

다른 사람의 기쁨과 나의 기쁨 사이에서 균형을 유지하려면, 반드시 '내가 선택해서 하는 것'이라고 주체적이고 능동적으로 생각해야 해요. 그래야만 기분 좋게 할 수 있는 딱 적당한 범위에 머물 수 있죠. 그러니 '이보다 더 하면 내가 괴로워져서 안 되겠어' 하는 생각이 들 때는 조금 거리를 두고 살살 정도껏 하거나 아예 멀리 벗어나세요. '괴롭긴 하지만 내가 하고 싶어서 하는 거니까'라고 생각되면 힘은 들어도 스트레스로 여기지 않을 테고, 자신을 굳게 믿고 헤쳐 나갈 수 있습니다.

진정한 자신감을 지닌 사람들에게는 하나의 공통점이 있어요. 다른 사람을 기쁘게 하는 것을 매우 좋아하는 동시에, 상대의 반응은 그 사람에게 맡긴다는 점이죠. '네가 기쁘다면, 그걸로 됐어'라고 자기 완결을 짓는달까요. 자신도 '만족'이라는 보상을 받았으니 '왜 나만 일방적으로 해 줘야 하지?' 하며 불만을 품지도 않고 대가를 요구하지도 않아요. 상대방이 내 기대만큼 반응해 주지 않더라도 '쳇, 내 노력을 인정해 주면 좀 좋아'라며 서운해하거나, '좀 고맙다고 하면 어디가 덧나?' 하고 불쾌해하지 않지요. 혹시라도 상대방이 '됐어요, 그런 참견은 사절입니다만'이라는 반응을 보이면 '그렇군요, 당신이 원하지 않는다면 어쩔 수 없군요'라며 산뜻하게 물러납니다.

'나한테도 뭔가 해 줘야 하잖아!'라고 요구하거나 '나를 인정해 주면 좋겠어' '나를 좋아해 줘' 등 상대방에게 내가 기대하는 바를 해 달라고 밀어붙이는 한, 불만은 늘 존재하고 자신감도 낮아질 수밖에 없어요. 상대의 반응은 그 사람이 결정하는 것이므로, 내가 통제할 수 없음을 꼭 기억하세요.

'숨은 조력자'란 말이 있어요. 다른 사람을 위해 보이지 않는 곳에서 수고하고 애쓰는 사람을 말해요. 회사 업무와 일상생활에서 인정받지 못하거나 심리적으로나 물질적으로 보상받지 못할 때가 많습니다. 하지만 그럴 때일수록 자부심을 되새기며 끝까지 노력하는 사람은 자신감 저축이 상당히 쌓인 사람일 것입니다. 자신감 있는 사람은 남에게 자신의 기대나 바람을 강요하기보다, 그 기대에 부응하고자 주체적으로 먼저 행동합니다. 스스로 행복을 만들어 가려는 자립심이 서로 도움을 주고받고 협력해 나가는 관계를 만들며, 이를 원만하게 유지시켜 줍니다.

✓ 누군가를 친절히 대하지 못한다면, 아마도 자신을 충분히 사랑하지 못해서일지도 모릅니다.

# 3장

## '자신감 제로'가 되지 않는 멘털 관리법 9가지

인생을 살다 보면 수많은 난관에 부딪혀요. 저도 수년 전 믿었던 사람에게 사기를 당해 한순간 무너졌던 적이 있습니다. 하지만 부정적 감정을 객관적으로 바라보며 지금에 집중했기에 깊은 절망에서 빠져나올 수 있었습니다. 역경은 사람을 가리지 않습니다. 그럴 때는 내가 통제할 수 있는 일과 통제할 수 없는 일을 먼저 구분하세요. 그리고 통제할 수 있는 일에 집중하세요.

이 장에서는 부정적 감정과, 콤플렉스, 트라우마, 걱정과 불안이 나의 자신감을 축내려 할 때, 이를 극복하는 비결을 함께 알아봐요. 그 비결은 어렵지 않아요. 자신을 믿는 마음만 있다면, 얼마든지 가능합니다.

> 상황 극복해 내기

## 20

# 평정심을 되찾고 '지금'에 집중하기

**이토록 힘든 상황에서 어떻게
앞으로 나아갈 수 있을까요**

 자신감은 일이 잘 풀리고 시험에 합격하는 등 긍정적인 일이 생겼을 때 쌓이는 것이라고 여기기 쉽습니다. 하지만 오히려 자신감이 바닥났을 때 포기하지 않고 어떻게든 이겨 내어 지속하다 보면 커다란 자신감이 만들어지기도 합니다.
 세계적 기업의 창업자들이 강연이나 인터뷰에서 성공보다 실패나 좌절을 자주 언급하는 이유는 무엇일까요? 바로 그런 시간이 있었기에 성장했다고 자부하기 때문입니다. '그걸 놓치다니, 정말 아깝고 분하다' '이대로 질 수는 없어' '그냥 손 놓고 있을 순 없잖아?' 같은 자신을 향한 아쉬움, 불만, 꿈쩍하지 않았던 세상에 대한 분노가 그를 다시 움직이게 만들고 상황을 뒤집는 강한 원동력이 된 경우가 많습니다. 역경은 사람을 강하고 유연하게, 현명하고 겸손하게 변화시킵니다.

　우리도 고생이라고는 전혀 모르고 자란 사람보다, 혹독한 고난 속에서도 비뚤어지지 않고 긍정적인 태도로 살아 온 사람을 보며 '이 사람이라면 신뢰할 수 있겠구나'라고 느끼지 않나요? 특히 가난과 질병, 가족 문제 같은 장애물이 앞을 가로막고 있는데도 자신을 믿고 나만의 길을 걸어 마침내 성공한 사람은 그릇이 큰 사람입니다. 따라서 잘 되지 않을 때도 자신감이 차곡차곡 쌓이게 되는 것이지요. 물론 세상에는 일이 좀 풀리지 않으면 금세 자신감을 잃거나 아예 포기하고 마는 사람도 있습니다.
　3장에서는 힘든 상황에서도 앞으로 나아가기 위해서 어떤 생각을 갖고 행동하면 좋을지, 불안과 두려움, 자기혐오 같은 감정이 일어났을 때 어떻게 하면 좋을지 생각해 보려 합니다.

　무척 고통스러운 경험을 했던 사람들에게 "어떻게 해서 그 힘든 시기를 지나왔나요?" 하고 물으면 이런 대답이 돌아옵니다.

"눈앞의 해야 할 일을 해치우느라 딴생각할 겨를이 없었어요. 주저앉아 넋 놓고 있을 시간도 없었지요."

"주변의 도움 덕분에 더 심각해지기 전에 제가 할 수 있는 일을 하며, 그렇게 지나간 것 같습니다."

"처음엔 절망했지만, 이렇게 저렇게 움직이다 보니 길이 좀 보이고 '어떻게든 되겠구나' 하는 생각이 들었습니다."

어떤가요? 이들에게는 멍하니 주저앉아 있기보다, 어쨌든 계속 움직였다는 공통점이 있습니다. 커다란 어려움에 처해도 '무덤덤하게' 움직이기만 하면 마음도 생각도 다시 앞을 바라보기 때문이지요.

## 잘 되지 않을 때일수록 '지금'에 집중한다

수십 년 전, 믿었던 사람에게 사기를 당해 경제적으로도 정신적으로도 큰 상처를 입은 적이 있습니다. '그 인간을 절대 용서할 수 없어' '아 아, 어쩜 그렇게 사람 보는 눈이 없었나!' 하며 가슴을 치고 후회와 자책만 할 뿐 손가락 하나 까딱할 수 없었습니다. 그렇게 집에 처박혀 누워만 있는데, 어느 날 열 살쯤 나이가 많은 지인이 찾아와 이렇게 말해 주었습니다.

"그럴 때는 '무덤덤해지자, 무덤덤해지자'를 입 밖으로 소리 내면서 그날의 할 일을 하는 거야. 세수를 하고 화분에 물을 주고 내가 먹을 음식을 만들고 설거지하고, 그저 그렇게 말이야…. 이렇게나마 날 속인 사람과 인연이 끊어져 참 잘된 일이지 않아? 아무도 뭐라 하지 않는데 자기를 그렇게 몰아붙이면 못 써. 아무리 그래도 자신만은 자기 편이 되어 줘야지."

그래서 진짜 아무것도 하기 싫었지만 "무덤덤해지자, 무덤덤해지자." 하고 중얼거리면서 방바닥을 치우기 시작했어요. 그런데 하다 보니 점차 범위가 넓어져 대청소가 되었고 집안이 구석구석 윤이 날 만큼 깨끗해졌지 뭐예요. 물걸레질을 끝내고 가쁜 숨을 몰아쉬며 일어서서 내가 오늘 무덤덤하게 해낸 것을 바라보니, 뭐라 표현할 수 없는 뿌듯함이 몰려왔습니다. 그러고선 '그래, 다시 벌면 되지'라는 생각이 들었고 새로운 아이디어까지 떠올랐지요.

중요한 것은 과거도 아니고 미래도 아니며 '지금'에 전념하는 것입니다. '밝고 활기차게!'처럼은 못하더라도 뭐를 하든 일단 몸을 움직이면서 기분이 무겁게 가라앉지 않게 하면 충분합니다. 사찰의 수도승들은 하루도 빠짐없이 이른 새벽에 일어나 청소를 하고 불전에서 독경을 반복해서 외우며 마음을 가다듬어요. 운동선수들은 시합 전의 준비 운동이나 자신만의 루틴을 통해, 환경과 컨디션의 변화에도 평소처럼 시합에 임합니다.

감정은 과거의 나로 인해 생겨나요. 따라서 그렇게 몸을 움직여서 평정심을 되찾는 경험을 쌓아 나가면 불안, 두려움, 분노, 공허함 같은 감정에 사로잡히지 않고 눈앞의 일에 집중할 수 있게 됩니다.

잠시나마 내 기분을 다독이고 위로하는 것도 좋습니다. 이를테면 달콤한 케이크를 먹거나 욕조에 향 좋은 거품 입욕제를 풀고 따뜻하게 몸을 담그거나, 웃음 코드가 많은 재미있는 공연을 보는 것이죠. 반대로 슬픈 영화를 보며 맘껏 울어도 좋아요. 눈앞에 닥친 일로 인한 슬픔이나 분노를 길게 끌지 말고 별개의 행동을 함으로써 감정을 살짝 교체하는 것이죠. 단, 쇼핑이나 술, 게임처럼 과하게 의존하게 되거나 자기혐오로 변질될 수 있는 것보다는, 기분 좋은 상태를 유지할 만큼의 작은 선물 정도가 좋습니다.

어떤 일이 있어도 '무덤덤하게 움직이고 지금에 집중하기' '내 기분부터 좋아지기'는 평정심을 보전해서 흔들리지 않는 자신감을 만들어 줄 거예요.

✓ 우울하거나 불안하다면, '지금 내 마음 여기 없음' 상태입니다.

> 또 하나의 나

## 21
# 부정적인 감정이 가라앉길 기다리기

**'부정적인 감정'에 사로잡히는 내가 싫어요**

　이쯤 되면, 슬슬 눈치채지 않았을까 싶은데요. '나 자신을 믿고 사는 것'을 달리 말하면, 무엇일까요? 네, 그렇습니다. '부정적인 감정과 잘 지내는 것'이죠.
　감정이란 우리 안에 있는 다른 생명체와 같습니다. 이를테면 마음속에 예민하고 겁 많은 덩치 큰 말을 기르고 있는데, 이 녀석은 내 생각대로 움직이지 않는다는 특기를 가졌어요.
　의도하지 않았는데 나도 모르게 욱하고 화가 올라왔다거나, 울고 싶지 않았는데 눈물이 흘러내린 적이 있을 거예요. 면접 같은 중요한 이벤트라도 앞두면 잠을 푹 자야 하는데 긴장해서 오히려 자는 둥 마는 둥 잠을 설치다가 막상 당일이면 누적된 수면 부족에 붉게 충혈된 눈, 멍한 머리로 나설 수밖에 없던 적도 있었을 것입니다.

좋지 않은 일이 일어나면 내 안의 예민한 말은 크게 몸부림치기도 하고, 그 자리에 얼어붙기도 하며, 아예 주저앉기도 합니다. 정반대로 공격적이 되기도 하죠. 이처럼 감정에 고스란히 휘둘리면 평소의 나 자신을 잃고 내 생각과 전혀 딴판으로 행동하게 되며, 자신감은 점점 바닥으로 곤두박질치죠. 따라서 우리는 감정이라는 예민한 말의 고삐를 단단히 쥐고는 '괜찮아, 괜찮아. 그렇게 걱정하지 않아도 돼, 잘 될 거야'라며 이성적으로 다가가야 합니다.

지나치게 두려워하고 불안해지는 감정도 자신감 저축을 방해합니다. 불안, 분노, 슬픔, 긴장, 외로움 등 우리가 부정적인 감정이라 부르는 것과 잘 지내려면, 제일 먼저 '불안해해서는 안 돼' '화를 내서는 안 돼'라고 생각하지 말아야 해요. '그래, 불안하기도 하겠지. 그렇지만 괜찮을 거야' '화내고 싶은 마음도 이해해, 그렇지만 급한 성미가 손해를 부른다는 말도 있잖아'처럼 그 감정을 충분히 인정해 주는 것이죠.

## 감정에 현명하게 대처하는 법

이렇게 하는 게 좀 어색하다면 다음과 같은 방법을 써 보면 어떨까요. 마치 내 안에 '또 하나의 나'가 있고, 내가 외부에서 이 '또 하나의 나'가 지금 어떤 심정인지 그 마음을 관찰한다고 말이에요. 이런 작업이 좀 바보같이 느껴질 수도 있긴 하지만, 이것은 '메타 인지 Meta cognition'라 해서 자신의 감정과 생각을 객관적으로 바라보고 제어하는 자기 성찰 능력, 자기 객관화 능력이에요. 우울증이나 과도한 스트레스로 힘들어하는 사람에게 사용되는 심리 요법입니다.

크게 화가 나거나 짜증이 올라와도 즉시 그 감정에 나를 내맡기지 말고 '아, 지금 화가 나 있구나' 하고 인정하고 일단은 휴식합니다. 순간적으로 고조된 감정은 몇 분간 가만히 놔두면 다시 진정되므로 감정에 휩쓸려 가볍게 움직이지 않도록 하는 게 정말 중요해요. 심호흡하고, 숫자를 세거나 따뜻한 차를 마시거나 해서 부정적 감정이 쓱 지나가게 내버려 두세요. '오늘 저녁 식사는 뭘 먹을까' 하고 메뉴라도 생각하다 보면 어느새 진정되어 있을 것입니다.

사람은 동시에 여러 생각을 하는 것 같지만, 사실은 결코 그럴 수 없어요. 그저 한순간에 한 가지밖에 생각하지 못해요. 따라서 부정적인 감정이 솟아오르는 순간, 예컨대 저녁밥을 떠올려 보세요. 그러면 재빨리 교체되고 감정은 어느덧 가벼워지죠. 그래서 치고 올라왔던 부정적 감정이 가라앉으면 '오케이, 좋아 좋아. 잘했어'라고 자신을 한껏 칭찬해 주세요. 그 순간, 짤랑하고 경쾌한 소리를 내면서 자신감 저축이 쌓일 것입니다.

그래서 날뛰던 말이 차분해졌다면 이제는 다음 단계예요. 문제에 대처하기 위해서는 기분을 편안하게 하고 침착하게 받아들이는 것이 무척 중요해요. 그러기에 가장 효과적인 것은, 이 역시 바보스럽게 보일지도 모르지만, '가장 최악인 상태를 생각하는 것'입니다.

이를테면 상사에게 지적받았다면 '그래도 잘리지 않은 게 어디냐', 실수를 저질렀다면 '이 정도로 마무리되어 정말 다행이다', 금전적으로 불안할 때는 '빚은 안 졌으니 이 순간만 지나면 어떻게든 될 거야'처럼 말이죠. 그렇다고 해서 아예 눈을 감고 문제를 직시하지 말라는 건 아니니 오해하지 말아 주세요. 비관적이 되면 해결책이 생각나지 않지만, 마음이 진정되고 이성이 작동하면 '아, 그래서 그랬을 수도…. 그럼 이젠 어떻게 해야 할까?'라며 문제를 제대로 직시할 수 있게 되어 보다 좋은 해결책을 찾아낼 수 있어요.

저는 운전을 하다가 벽에 부딪혔을 때 '아, 이런… 그래도 사람을 치지 않아서 정말 정말 다행이야'라고 한 적도 있고, 여행지에서 도난을 당하고도 '생명에 위험은 없었으니 얼마나 다행이야!' 한 적도 있어요. 이처럼 최악의 경우를 생각하는 습관 덕분에 대부분의 일들은 웃으며 대처할 수 있었죠. 원고 마감을 앞두고도 '으악, 앞으로 사흘밖에 없어!'라는 생각이 들면 곧바로 '아니지, 아니지. 아직 사흘이나 있잖아?'라고 바꿔 생각하는 버릇이 있기에 포기하지 않고 노력할 수 있었어요. 아무래도 '어쨌든 뭐라도 해야지'라는 생각이 감정과 문제 해결을 따로 떨어뜨려 놓고 각각 접근하는 습관을 만든 것 같습니다. '잘 되지 않을 때일수록 낙관적으로 생각한다, 잘 되고 있을 때일수록 조심한다'라는 건 지금도 저에게 금과옥조와 같습니다.

부정적인 감정이 드는 게 꼭 나쁘지는 않지만, 그것에 휘둘리지 않도록 내 안에 '또 다른 나'를 갖고 냉정하고 침착하게 그리고 현명하게 대처해 나가길 바랍니다.

✓ '비관주의는 기분에 속하고, 낙관주의는 의지에 속한다'라는 격언이 있습니다.

> 문제에 직면했을 때

## 22
# 내 의지로 통제할 수 있는 것에 집중하기

**실패를 반복하며, 내 힘으로 안 되는 일에 자꾸 집착하게 돼요**

적극적으로 도전하고 매일매일을 충실하게 보내며 밝고 활기차게 사는 사람을 보면 '저 사람은 확실히 자신감으로 꽉 찬 사람일 거야' '저런 사람이 무슨 고민이 있겠어?' 하고 생각하기 마련입니다. 하지만 일상을 살다 보면 누구나 크든 작든 역경에 직면하지 않을 수 없어요. 사회적으로 큰 존경을 받는 종교인이나 능력이 출중한 엘리트, 재능 넘치는 예술인 혹은 스포츠 선수든 다 마찬가지입니다.

역경은 사람을 가리지 않습니다. 그렇지만 역경에 아주 꽉 붙들려서 주저앉은 채 다시는 일어서지 못하는 사람과, 역경을 심하게 겪지 않고 넘어가는 사람이 있는 건 왜 그럴까요? 그것도 감정과 깊은 관련이 있어요.

화가 나서 속에서 불이 나고 답답할 때 대부분의 사람은 그 감정의 파도에 꼼짝없이 휩쓸려 '어째서 나란 인간은 자꾸 실수만 하는 걸까? 대체 왜 이러나?' '어째서 이 사람은 매번 답장을 늦게 해서 사람을 곤란하게 만들지!?' 하며 발전성 없는 질문을 끝도 없이 되풀이합니다. 그러면서 몸과 마음은 물론이고 시간까지도 소모하지요.

반면 감정에 휩쓸리지 않는 사람은 비록 짜증이 나고 갑갑하더라도 '이번에 저질렀던 잘못을 다음번에는 정신 차리고 절대로 반복하지 말아야지'라고 생각하고, '답장이 없네, 그럼 이쪽에서 전화를 걸어 봐야겠다'라며 자신이 통제할 수 있는 것에 집중해 간단히 해결합니다.

바로 이 부분이 큰 차이를 낳습니다. 결국 업무에서든 일상에서든 인간관계에서든 다른 사람이나 과거의 일에 얽매이지 않고 자기가 해야 할 일, 하고 싶은 일에 에너지를 집중하는 습관이 자신감이 되는 것입니다.

잠시 정리해 볼게요. 우리가 직면하는 문제는 다음의 두 가지로 구분할 수 있습니다.

- 바꿔 나갈 수 있는 것 : 지금의 나(말, 행동, 사고방식, 감정)
- 바꿀 수 없는 것 : 타인의 말이나 행동, 과거의 일

이처럼 우리가 통제할 수 있는 것은 '지금의 나'뿐입니다. 과거의 일은 바꿀 수 없으며, 미래의 일 역시 어떻게 될지 알 수 없기에 심각히 고민한들 소용없어요. 또한 타인의 말과 행동도 그에게 맡길 수밖에 없어요. 단, '가는 말이 고와야 오는 말이 곱다'라는 속담처럼 내가 그 사람을 대하는 방식을 바꿔 좋은 영향을 주면 그의 태도가 바뀔 가능성은 무척 큽니다.

### 문제에 직면했다면 자신을 끝까지 믿어 보세요

빙빙 떠도는 걱정을 정리하기 위해 추천하고 싶은 것은 지금의 생각과 감정을 글로 적어서 표현하는 거예요. 예를 들면 지금 하는 일에 짜증이 나고 답답하다면, 펜과 종이를 꺼내어 "일이 너무 많아서 미칠 것 같다." "내 SNS 계정에 적힌 그 댓글에 신경이 쓰인다."처럼 솔직하게 자기 기분을 적어 답답함의 정체를 '언어화'하는 것입니다. 이는 앞에서 소개했던 '메타 인지'

중 하나인 '저널링Journaling'이란 방법이에요.

  대부분은 원인이나 대책을 생각하지 않고 그저 답답해하기만 합니다. 그런데 원인을 확실하게 언어로 표현하면 '일을 줄이면 되는 거네'가 되고 '그까짓 댓글이 뭐라고… 신경 쓰지 않아도 돼'처럼 물 흘러가듯 자연스럽게 해결되기도 해요. 글로 표현할 때는 위에서 설명한 '바꿔 나갈 수 있는 것: 지금의 나' '바꿔 나갈 수 없는 것: 그 밖의 것들'이라 했던 구분도 잊지 말고 적용해 보세요.

  한 프로 야구 감독이 '슬럼프'에 대해서 이런 말을 한 적이 있어요.

> "(정신적인 슬럼프에서 벗어나지 못하는) 근본적인 원인은, 식사와 수면처럼 기본적인 것에 있는데 그 밖의 것에서 원인을 찾으려 하기 때문입니다."

  슬럼프는 지금까지 당연히 할 수 있던 것이 갑자기 할 수 없게 된 것을 말해요. 슬럼프에 빠지면 자신감이 떨어져 환경이나 다른 사람, 자신의 능력이나 타고난 자질을 탓하고, 어떻게든 벗어나려 이것저것 해 보지만 조급한 마음만 더 커질 뿐 아무것도 잘 되는 게 없어요.

그러나 잘 되지 않을 때일수록 자신을 끝까지 믿는 것이 중요합니다. 식사와 수면으로 컨디션을 회복하고 해야 할 일을 하며 '평소대로 하면 괜찮을 거야'라고 믿고 움직이면 엉킨 실타래가 살살 풀리듯 극복할 수 있어요.

어려운 일이 아닙니다. 내가 통제할 수 있는 것에만 집중하는 습관을 지니고 쓸데없는 일에 휘둘리지 않으며, 평정심을 가지고 내 할 일을 하면 되니까요.

✓ 바꿀 수 없는 것에 집착하면, 시간도 자신감도 빼앗깁니다.

포기하지 않아도 괜찮아

# 23
# 콤플렉스를 나만의 개성으로 승화시키기

**"콤플렉스 때문에… 할 수 없다"라고 흔히 말해요**

결혼 정보 회사에서 일할 때, 한 회원으로부터 "사실 콤플렉스가 있어서 여태껏 연애를 적극적으로 할 수 없었어요."라는 말을 들은 적이 있습니다. 한 여성 회원은 피부가 하얗고 성격도 다정해 보이는데, 정작 본인은 "'이렇게 뚱뚱한데 누가 날 좋아할까' 하는 생각이 들어요." "예전에 남친한테 차였던 게 트라우마가 되어서…"라고 말하더군요.

다른 사람이 "그런 건 신경 쓰지 않아도 돼요." "오히려 그 사람이 사람 볼 줄 몰랐던 거죠." "헤어진 게 꼭 이쪽이 원인이라고 단정할 수 없잖아요."라고 말해도, 자신에게는 중대한 콤플렉스인 것입니다. 한번 신경이 쓰이기 시작하면, 그게 만 가지 악의 근원처럼 여겨지고 시야가 점점 좁아지게 됩니다.

엄격히 말하자면, "콤플렉스가 있어서 ~할 수 없다."라고 스스로 결론을 내리는 것은 상상력 결핍을 스스로 증명하는 것과 다름없습니다. 콤플렉스가 있어도 행복한 연애도 하고 결혼도 하는 사람도 있고, 메이크업이나 패션, 헤어 스타일링, 자세 교정이나 요가, 필라테스 같은 다양한 방법을 통해 가꾸고 노력해서 매력적으로 변하는 사람도 있어요. 그렇다면 혹시 콤플렉스를 핑계 삼아, 하고 싶어도 포기한 것은 아닐까요?

### 콤플렉스와 사이좋게 지내는 비결

그럼 우리는 어떻게 콤플렉스를 대해야 할까요? 애당초 콤플렉스가 없는 사람은 없습니다. 아무리 완벽해 보이는 사람이라도 많든 적든 다 콤플렉스를 가지고 있습니다. 이 세상에 오직 나 하나밖에 없다면, 다른 사람과 비교할 일도 없고 장점과 단점 같은 건 신경 쓰지 않아도 상관없어요. 하지만 우리는 사회라는 공동체에서 어린 시절부터 '키가 작다' '얼굴이 크다' '운동을 못한다' '악필이다'처럼 비교당하고 비교하는 게 습관이 되어 버렸습니다. 어른이 되어서도 '수입이 적다' '다른 사람과 금세 친해지지 못한다' '연애 경험이 적다'처럼 서로 비교하며, 그보다 못하다고 생각하면 콤플렉스로 느끼곤 합니다. 여럿이 모여 사는 사회이므로, 그런 마음이 드는 건 매우 자연스러운 일인 것이죠.

하지만 그렇다 하더라도 '자신이 없다' '나는 내가 싫다'까지 가는 건 또 다른 차원의 문제입니다. '그럴 수도 있지, 뭐'라고 수긍하는 사람은 아마도 단점도 장점도 모두 통틀어 '개성'이라 인정하며, 하고 싶은 일을 하는 사람이 아닐까요?

세계적인 위인 중에는 외모, 질병, 장애, 가난, 학력, 따돌림 등으로 인해 어려서부터 열등감을 가졌던 사람이 많습니다. 그러나 그들은 '나는 쓸모없는 사람이 아니다, 나도 할 수 있는 일이 있다'라며 자신감을 갖고 싶어 했고, 주변 사람들에게 인정받고자 그런 열등감을 발판 삼아 멈추지 않고 계속 노력했어요.

한 세계적인 만화가가 인터뷰를 하며 이런 말을 한 적이 있습니다.

"열등감과 두려움이 있었기 때문에 계속할 수 있었지 않았나 생각합니다."

성공한 뒤에도 자신감뿐만 아니라 열등감, 위기의식을 가지고, 그것을 보완하고자 멈추지 않고 매진했던 것이죠.

콤플렉스가 족쇄가 되어 인생을 포기해 버리는 사람과, 콤플렉스를 디딤돌로 삼아 인생을 꽉 움켜쥐는 사람 중에 누가 더 매력적인가요? 당연히 후자가 역동적이고 매력적일 것입니다. 그런 사람은 비록 처음에는 위축되고 자신 없어도 '어쩌면 말이야, 이런 나도 가능할지 몰라' 하며 성실히 움직이며 자신감을 키워 나갑니다. 나쁜 짓을 하는 것도 아니니 비굴할 일도 없으며, 당당하게 가슴을 쫙 펴도 되는 것이죠. 그리고 마침내 콤플렉스라고 생각했던 것을 결국 자신만이 가진 개성이자 강점으로 승화시켜 '나라서 할 수 있는 거야'라는 생각을 갖게 됩니다.

마지막으로, 자신의 콤플렉스를 원만히 극복하는 비결은 '그것을 개선하거나 받아들이는 것'입니다. 외모 콤플렉스라면 성형 시술이나 다이어트, 메이크업, 패션 스타일링 등 다양한 개선 방법이 있을 것입니다. 다만, 어느 정도 자신감을 갖게 되더라도 '받아들인다'라는 생각이 없는 한은, 여전히 불만을 떨치지 못한 채 더 집착하게 될 것입니다.

　게다가 단점이라고 여기는 '개성' 중 대부분은 바꾸려야 바꿀 수도 없는 것입니다. 그렇다면 단점을 없애거나 감추려 하기보다 그것을 나만의 매력으로 삼고 '이런 특성을 가진 나는 과연 어떤 일을 해낼까?'라며 역전의 통쾌한 스토리를 생각하는 편이 훨씬 즐겁지 않을까요? '나니까 할 수 있다'라고 생각되는 것이 반드시 있을 것입니다.

　나에게는 다른 사람과의 비교에서 비롯된 열등감이 아니라, '이렇게 되고 싶다'라는 이상과 현실 간의 괴리에서 오는 열등감이 언제나 존재합니다. '지금은 내 이상과 상당히 멀다, 그렇지만 언젠가는 꼭 그렇게 될 거야'라는 자세는 '발전 가능성'이고 결코 나쁜 게 아닙니다. 긍정의 밝은 희망을 품음으로써 콤플렉스로 인한 아픔과 고통을 확 날려버릴 수 있으니까요.
　타고난 것, 그리고 지금 가진 것을 끝까지 사랑하세요.

✓ 단점은 휘둘리는 것이 아니라, 활용하는 것입니다.

> 그 일이 있었던 덕분에

# 24
# 받아들이기 힘든 실패에서도 의미 찾기

**실패는 양식이 된다지만,
솔직히 말해 상처가 더 커요**

과거에 실수했거나, 다른 사람에게 상처받은 일로 자신감을 잃어버려서 지금도 어떤 일이 있으면 겁부터 난다고 호소하는 사람이 적지 않습니다. 반면에, 그런 경험이 있었기에 '만약 비슷한 일이 일어나도 이번엔 잘 대처할 수 있어, 괜찮아'라며 오히려 더 강한 자신감을 나타내는 사람도 있습니다. 괴로운 경험이 마음에 상처로 남을지, 마음의 양식이 될지의 차이는 도대체 어디에서 기인한 것일까요?

간단히 말하면, 일어난 일을 '어떻게 해석하는가'의 차이입니다. 과거는 바꿀 수 없습니다. 하지만 과거에 대한 해석은 바꿀 수 있죠. '그때 그 일이 나에게 어떤 의미가 있는가'는 자신이 직접 결정해야 합니다.

지금까지 나는 일이 순탄하게 진행되지 않을 때는 통제할 수 있는 것에만 집중하고, 그 밖의 일은 받아들인 채 앞으로 나아가야 한다고 말했습니다. 그런데도 도저히 받아들일 수 없는 것이 있다면, 그 일에서 의미를 찾아내야 합니다. 예를 들면 내가 저지른 그 엄청난 과오, 실수로 다른 사람에게 큰 손해를 끼친 일, 소중한 사람에게 심한 말을 해서 깊은 상처를 준 일, 나를 믿었던 사람을 배신한 일, 큰돈을 빚지고 아직도 갚지 못한 일은 물론이고 어쩌면 이보다 더 심한 잘못도 있을 것입니다. 그리고 생각날 때마다 자신을 탓하며 죄책감에 시달리는 사람도 있을 것입니다.

그럴 때는 억지로 받아들이거나 긍정하려 애쓰기보다, 그 일의 의미(나에게 깨달음이 되어 준 것)를 단 한 가지라도 찾아내세요. '목에 칼이 들어와도 두 번 다시는 그런 짓을 하지 않겠다고 맹세했다' '그 후에 신뢰를 회복하기 위해서 죽을 만큼 노력했다' '죽기 살기로 빚을 갚고 난 뒤 자신감이 생겼다' '이제 나를 용서하기로 했다' 등 '그 일이 있던 덕분에…'를 하나라도 찾을 수 있다면, 마음의 아픔이 조금 누그러질 것입니다.

## 실패의 의미를 깨달으면 어떤 일이 일어날까

　세계적으로 유명한 운동선수들은 경기에서 실수하거나 엄청난 점수 차로 패배해도 '실수나 패배가 모두 나쁜 건 아니야'라고 해석하고 기분을 전환합니다. 이때 중요한 포인트는, 실패의 원인을 운이나 남 탓으로 돌리지 않는다는 것입니다. 뭔가를 탓하고 있으면, 마음이 정리되지 않을 뿐 아니라, 배울 점을 찾지 못한 채 실수를 반복하게 되기 때문이지요.

　이처럼 세계적인 선수도 '이렇게 움직이면, 그런 실수는 하지 않을 거야' '다음에는 이 부분에 주의하면 개선할 수 있어' 하며 실패가 남긴 교훈을 되새깁니다. 때로는 큰 부상으로 우울감에 휩싸여도 '부상 덕분에 주변 사람들에게 감사할 일이 늘었어, 앞으로 활동할 때 도움이 될 거야'라며 긍정적으로 생각합니다. 그렇게 마음을 다독이고 자신을 끝까지 믿으며 역전의 스토리를 써 가는 것이죠.

반면에, 타인에게 받은 마음의 상처가 아직 아물지 않았거나 '그 인간 탓에 내 멘털이 완전히 무너졌어' 하며 원망하는 사람도 있을 것입니다. 그런데 따지고 보면 '그 사람'이 지금의 나를 덮쳐서 고통을 주는 게 아닙니다. '그 사람 때문이다'라는 '과거의 해석'이 지금의 나를 이토록 고통스럽게 만드는 것이죠. 그러니 어떤 일에서든 '그 일이 있었던 덕분에…'라는 의미를 꼭 발견해 보세요. '함께 해서는 안 되는 사람이라는 걸 깨달았어'라거나 '나에 대해 조금 알게 되었어' '사람에게 상처받았지만, 한편으로 사람 덕분에 벗어날 수 있었어' 등 무엇이든 의미를 깨달으면, 시간이 약이 되어 줄 것입니다.

게다가 트라우마 같은 깊은 마음의 상처는 별개로 치더라도, 불현듯 가슴을 콕콕 찌르는 정도의 상처는 그냥 간직해도 괜찮지 않을까 싶습니다. 그게 있기에 겸허해지고 신중해지며, 다른 사람을 배려할 수 있을 테니 말입니다. 과거의 일에서 의미를 찾는 것은 '거기에 얽매이지 않게 하는 습관'이 되고, 마음 그릇도 키워 줘요. 이것이 언제까지고 주저앉아 있는 사람과, 삶의 양식이 되어 앞으로 나아가는 사람의 큰 차이입니다. 우리는 해석도, 감정도 스스로 선택할 수 있다는 점을 잊지 마세요.

✔ 마음에 생긴 상처가 영원히 지워지지 않는 것은 아니에요.

> 움직이면 어떻게든 된다

## 25

# 미래를 걱정하지 않는 사람이 알고 있는 것

**앞날을 대비하지 못해 늘 불안해요**

많은 사람이 '미래에 대한 막연한 불안감'을 털어놓습니다. '이 돈으로 노후가 보장될까?' '앞으로도 비정규직으로 살아야 하나?' '결혼도 못 하는 거 아닐까?' '고독사라도 하면?' '이러다 가족이 큰 병에 걸리면 어쩌지?' 같은 불안 말이죠.

불안은 어떤 것에 대해서 위험을 느끼기 때문에 생기는 감정이에요. '위험한 상황에 처할지도 몰라, 그러니 조심해!'라는 일종의 위험 감지 경보 같은 것이죠. 그러고 보면 불안 자체가 나쁜 게 아니라, 막연한 불안에 사로잡혀서 망상 속을 헤매느라 현실적인 대책도 없이 현재를 즐기지 못하는 것이 훨씬 더 좋지 않은 것입니다.

사람은 확정되지 않은 것, 자기 의지로 통제할 수 없는 것에 대해 본능적으로 두려움을 느끼는 존재입니다. 따라서 '미래' 하면 '불안'을 떠올릴 수밖에요. 게다가 미래는 그 누구도 확실히 예측할 수 없으니 많든 적든 불안이 따르기 마련입니다. 예컨대 코로나 팬데믹 시기를 떠올려 보면, 언제 끝날지 예측 불가능한 상황과, 바깥 활동이 제한된 채 가족이나 동료와 격리된 외로움, 아무것도 하지 못하는 시간이 길어지는 것에 강한 무력감을 느낀 사람이 많았어요.

반대로 커뮤니케이션이 가능한 환경에서 사람의 온기를 느끼고, 바쁘게 움직이며 스스로 발전하고 있다는 것을 실감하면 불안은 약해집니다. 불안이라는 것은 기본적으로 '망상'이기 때문에 건강을 잃거나 문제가 일어나거나 타인에게 기분 나쁜 말을 듣거나 하면, 커지기도 하고 작아지기도 합니다. 그러므로 근본적인 해결책으로 '뭐, 어떻게든 되겠지'라고 생각할 수 있는 자신감을 쌓아 둘 필요가 있죠.

## 미래의 일은 미래의 나에게 맡기자

여기서는 자신감 저축도 쌓으면서 '미래의 막연한 불안을 해소하는 법' 4가지를 소개하려 합니다.

1. 구체적인 원인과 대책을 고려해, 지금 할 수 있는 것을 한다 ('저널링'이 효과적).
2. 장기 프로젝트로 '경제력' '생활력' '정신력'을 끌어올린다.
3. 어느 정도는 해 보고 예측한다.
4. 미래의 일은 미래의 나에게 맡긴다.

막연한 불안에 사로잡히지 않는 사람은, '막연한 채'로는 근본적인 해결이 어렵다는 것을 알고 구체적인 해결책을 찾으려 합니다. 이때 앞에서도 소개한 '저널링'을 추천해요. 종이에 "노후 자금이 좀 걱정된다, 매월 얼마로 생활할 수 있을까? 그때도 일을 할 수 있을까?"처럼 생각하던 것과 의문점을 적어 보는 것이죠. 그래서 문제를 알면 '일단, 매월 00만 원을 저축하자'라거나 '투자 신탁이 뭔지 알아보자' 등 지금 할 수 있는 것이 무엇인지 파악해, 그중 한 가지라도 실천하는 것이죠. 움직이고 행동하면 불안은 해소되기 시작합니다.

또, 장기적인 관점에서 경제력, 생활력, 정신력을 끌어올리는 것도 구체적인 해결 방법입니다. 모아 둔 저축이 없으면 아르바이트라도 하는 경제력, 손수 요리를 하거나 절약을 해서 적은 돈으로 생활하는 생활력, 그것을 즐기는 정신력이 있으면 그다지 불안하지 않을 것입니다. 건강을 유지하는 것이나, 따뜻하고 안정된 인간관계도 불안감을 해소하는 데 중요한 역할을 합니다. 자신에게 부족한 부분을 자각하고 그것을 극복할 힘을 키워 나가면, 결국 그것이 자신감이 되어 주기 때문이죠.

이런 식으로 미래를 직시하고 구체적으로 행동하면 '어찌어찌 되긴 되겠구나'라는 예측도 하게 됩니다. 이 예측이 바로 자신감입니다. 중장년층이라면 '정년 후의 생활과 돈 관리를 어떻게 해야 할지 알겠어' '대도시 말고 지방 쪽으로 내려가도 될 것 같아'라는 예측을 하고, 젊은 사람이라면 '이 부업이 자리를 잡으면 본격적으로 창업하자'처럼 희망적인 앞날을 전망하게 되는 것이죠.

그리고 '알 수 없는 미래까지 걱정하기보다, 미래의 나에게 맡긴다'라고 생각하는 것이 가장 강한 자신감입니다. '어떻게든 잘 될 거야' 하며, 미래의 나를 신뢰한다는 뜻이니까요.

앞날을 비관하기보다, 희망을 품고 지금 할 수 있는 것을 하세요. 하루하루를 즐기며 '나의 장래는 전혀 어둡지 않아, 틀림없이 최고일 거야'라고 믿으세요.

✔ 자신의 가치와 능력을 믿을수록, 미래에 대한 불안은 사라집니다.

싫증 내지 않기 위한 아이디어

## 26
# 좋아하는 일을 지속할 만한 자극 만들기

**뜨겁게 열정을 느낀 일도 금세 싫증이 나고 말아요**

취미든 공부든, 무엇 하나라도 '이것만큼은 계속하고 있다'라고 할 만한 게 있으면, 자신감을 느끼게 됩니다. 그만큼 '계속하기'가 어렵다는 뜻이겠죠. 처음에는 의욕이 넘쳐서 필요한 도구까지 완벽하게 갖추고 열중하지만 한 달, 두 달, 서너 달이 지나면 차츰 싫증이 나서 그만둬 버린 경험이 누구나 있을 거예요.

그렇습니다. '싫증'이라는 감정이야말로 무언가를 계속하지 못하도록 강력하게 훼방 놓는 방해꾼이죠. 몇 번 해 보면 곧잘하게 되는 작은 일은 몇 주간만 반복해도 습관이 됩니다. 하지만 다른 나라 말을 배운다거나 악기 연주, 그림이나 요리 배우기, 퍼스널 트레이닝 받기, 텃밭 재배 등과 같이 시간과 수고를 들여야 하는 것이라면 지속하기가 상당히 어렵습니다. 인간의 뇌는 무엇에 익숙해져서 더 이상 자극으로 여기지 않게 되면, 다른 자극을 찾도록 프로그래밍 되어 있기 때문입니다. 아무리 좋아하는 음식도 매일 먹으면 질려서 다른 음식이 먹고 싶어지지 않던가요? 그렇기에 위험을 각오하고 모험을 떠나고 도전도 하는 것이겠지요.

사실 저 역시, 타고난 성격 때문에 꽤 오랫동안 고생한 적이 있어요. 남들보다 빨리 뜨거워지고 빨리 식는 소위 '양은 냄비' 같은 성격인지라 어릴 때부터 뭘 배우는 것은 물론이고, 동아리 활동도 몇 년간 지속해 본 적이 없어요. 일을 할 때도 마찬가지라서 처음에 열정이 뜨거울수록 빨리 싫증을 느끼곤 했어요. 그러다 보니 50가지가 넘는 일을 했던 것입니다. 그러나 '쉽게 질린다는 건 변화할 수 있다는 것'이라고 생각을 재정립한 뒤로는, 금세 질리고 마는 성격을 염려하기보다는 가슴 두근거리는 일에 망설임 없이 뛰어들었지요.

그런데 '글쓰기'와 '사진 찍기'만큼은 수십 년간 지속하고 있기에, 얼마나 큰 자신감이 되어 주고 있는지 모른답니다. 요즘에는 스포츠센터에서 퍼스널 트레이닝을 받고, 피리 연습도 하고 있는데 당분간은 이어 가고 싶어서 온갖 방법을 동원해 질리지 않으려 노력하고 있어요.

이처럼 뭔가를 지속하기 위해서는 질리지 않게 하는 요령, 즐겁게 할 수 있는 아이디어가 필요합니다.

### 지속을 가로막는 방해꾼인 '싫증'을 극복하는 법

▶ **질리지 않기 위한 요령 4가지**
1. 목표 지점을 조금씩 높인다.
2. 지속하기 쉬운 환경을 만든다.
3. 함께 할 동료를 만든다.
4. 인풋과 아웃풋을 동시에 한다.

'익숙해진다'를 달리 말하면, '그 일을 쉽게 할 수 있게 되어 더는 기쁨을 느끼기 어렵다'라는 뜻입니다. 사람은 누구나 낯설고 어설프더라도, 포기하지 않고 끝내 해냈을 때 기쁨을 느낍니다. 그러니 질리지 않으려면 첫째, 목표 지점을 조금씩만 올리는 게 좋습니다. 그런데 이때 '조금씩'이 중요한 포인트입니다.

너무 높은 목표는 부담으로 작용하기 때문에 결국은 회피하게 되거든요. 지루한 단순 반복 작업일지라도 뭔가 흥미로운 목표가 있으면 거기에 푹 빠져서 지속하게 됩니다. 그러다 마침내 목표를 달성하면, 기쁨을 만끽하게 되고 지속하기 쉬워지기 마련입니다.

두 번째로 중요한 것은, 지속하기 쉬운 환경을 만드는 것이에요. 저는 허리 디스크 수술을 받은 뒤 재활을 위해 수영을 하기로 마음먹고, 수영장이 있는 스포츠센터 바로 근처로 이사했습니다. 지금은 전통 악기인 피리를 배우는데, '시간을 딱 정해서 연습해야지'가 아니라 눈에 잘 띄는 곳에 두고 마음이 내킬 때마다 손에 들고 연습하고 있습니다. 이처럼 시간과 노력, 돈이 들지 않는 환경을 만드는 것이 지속할 수 있는 비결이죠.

셋째, 함께하는 동료가 있으면 존재만으로도 자극이 되어 실력이 빠르게 향상됩니다. 기쁨을 공유하고 화기애애한 대화까지 나눌 수 있으니 즐거움이 배가되죠. 단, 서로가 독립된 관계가 아니면 귀찮은 일도 늘어날 수 있으니 적절한 거리감을 유지하는 것이 중요합니다.

마지막으로, 취미나 배움을 지속하려면 배운 것을 활용하거나 발표할 기회가 필요합니다. 예컨대 다도를 배웠다면 '다도 체험 행사'에 참여하거나, 자신의 다도 영상을 SNS에 업로드하는 것이지요. '웹 프로그래밍'을 배운다면 실제로 제작까지 해야, 내가 어느 부분에서 막혔고 그래서 어디를 중점적으로 더 배워야 할지 포인트를 알게 되므로 지식을 흡수하기 쉬워집니다. 즉, 학습으로 '인풋'을 하고 난 뒤에 실천으로 '아웃풋' 하는 게 아니라, 먼저 '아웃풋'을 했기 때문에 반드시 '인풋'이 생기는 것이죠.

뭐든 계속하기 위해서는 즐겁게 할 수 있는 아이디어가 필수입니다. '즐길 수 있다'라는 것도 하나의 재능이에요. 그리고 이 재능은 누구나 갈고닦을 수 있습니다.

✓ **무엇이든 즐기려는 마음이 재능과 자신감을 만듭니다.**

> 내가 행복해야 해

# 27

# 우회로를 즐길 줄 알면, 할 일이 많아진다

### 평범한 길로 가지 않으면, 불안해

저는 덴마크 교육을 통해 '실패하지 말아야지' 하며 사는 것보다 '실패해도 괜찮다' 여기며 살 때 자신감을 느낀다는 깨달음을 얻었습니다. '세계 행복 지수'와 '세계 국가 경쟁력' 순위에서 단골 상위 국가인 덴마크를 방문했을 때 아이부터 십 대 청소년들까지 모두가 자율성을 인정받는 모습에 깊은 인상을 받았습니다. 학교의 교육 방침도 '행복제일주의' 그 자체랄까요? 그러기 위해서 '실패를 받아들이기' '자기 역량을 키우기' '자기 속도로 살기' 등을 삶의 지표로 삼고 있었습니다.

실패했다는 것은 도전했다는 증거입니다. 그때마다 배울 점이 있고, 한 사람으로서 세상을 살아가는 능력을 키울 수 있기에 '자꾸자꾸 실패하자'라는 사고방식을 가지고 있었습니다. 아이는 유치원에서 뭘 하며 놀지 스스로 선택하고, 초등학교에 입학하는 시기도 자신이 결정합니다. 학교에서는 어떻게 배울까를 자신이 정하고, 고등학생의 80% 이상이 졸업 후 대학에 곧바로 진학하는 게 아니라 흥미 있던 것을 배우러 '시민학교Folk High School'에 가거나 아르바이트하며 다양한 경험을 쌓는 '갭이어Gap year'를 갖는다고 합니다.

즉, '너는 너고 나는 나야'라는 자립적인 사고방식과 '길을 가다가 헤매도 되고 때로는 멀리 돌아가도 된다'라는 허용적인 문화가 자신감이 되었구나 하고 깊이 감탄했습니다. 물론 문화와 제도가 다르니, 그런 교육이 우리 모두에게 잘 맞는다고 보기는 어렵습니다. 특히 일본이나 한국 같은 경우는 재취업, 이직, 재교육 등 인생 2막을 위한 장벽이 꽤 높은 편이라, 이러한 분위기가 실패를 두려워하게 된 이유가 되지 않았을까 하는 생각도 하게 됩니다. 그러나 앞으로는 타인과 다르다는 이유로 자신감을 잃어버릴 필요는 없어요. 애초에 다수가 선택했으므로 '평범한 길'이라는 것도 하나의 고정관념에 불과하니까요.

### 기쁨을 느끼는 힘, 즐기는 힘을 기르세요

저도 졸업 후 들어간 회사를 반년 만에 그만두고 아르바이트를 할 때 '탄탄대로에서 낙오되고 말았다'라며 엄청난 패배감, 열등감에 휩싸였습니다. 회사 이름과 직위, 자격이 바로 그 사람의 가치라고 착각하고 있었던 것이죠. 지금은 그런 것에 기대지 않고도 잘 사는 사람이 '진짜'라고 생각합니다. 제가 열등감에서 해방될 수 있던 것도 '너는 너고 나는 나야, 내 행복은 내가 책임져야 해'라며 마치 이 세상을 '나 혼자 여행하듯' 살게 되었기 때문입니다.

자신에게 솔직해지려면 사람마다 사는 방식이 달라질 수밖에 없어요. '남들이 뭐라 하든 내가 행복하면 돼'라는 자립심과 만족감이 있으면, 어떤 상황에서도 자신을 비참하게 여길 일은 없습니다.

행복도 불행도 자신이 느끼기 나름입니다. 저는 불우한 시기를 겪으며 비로소 기쁨, 즐거움, 재미가 무엇인지 제대로 알 수 있었습니다. 돈이 없을 때는 절약 생활을 즐겼고, 외로울 때는 언제나 음악을 들으며 위로받았어요. 병에 걸려 꼼짝도 하지 못했을 때는 기분이 밑바닥으로 곤두박질쳤지만 마치 남의 일인 양 '인간의 몸이란 게 참 정직하네' 하며 몸의 구조를 재미있게 바라봤어요. 그뿐 아니라 '아프지 않고서는 알지 못했을 게 이렇게 많구나'라고 깨닫기도 하며 편안한 마음으로 웃으며 지낼 수 있었습니다.

그 뒤로는 어떤 일에 자신이 없더라도 '잘 되지 않아도 즐길 줄 아는 자신감'을 가지고, 도전 앞에서 주저하지 않았어요. '잘 되지 않아도 즐길 줄 아는 자신감'을 가지려면, 단순한 비법이지만 늘 웃으며 지내야 해요. 혼자 있을 때도 고개를 들고 콧노래를 흥얼거리면 기분이 좋아져요. 여기에 더해, '무엇이든 할 수 있는 것을 발견하고 열중하기' '누군가와 수다 떨기' '산책길에 공원 나무들에 위로받기' '때로는 호사스러운 시간을 만끽하기' 그리고 '10년 후에는 바라던 것을 이루고 과거를 애틋하게 돌아볼 것이라고 낙관적으로 상상하기' 등 즐겁게 할 수 있는 건 얼마든지 많아요.

행복은 '되는 것'이 아니라 '느끼는 것'입니다. 성과와 가치만을 추구하기보다 거기까지 이르는 과정 하나하나에 행복이 있다고 여기면, 마음의 여유가 생기고 기분도 홀가분해져서 사뿐사뿐 나아갈 수 있어요. 아울러 그 어떤 상황에서도 좋은 감정을 느끼고 밝고 당당하게 살아가는 자신을 대견하게 여길 수 있다면, 그것이야말로 진정한 '자신감'입니다.

✔ 행복한지 불행한지는, 다른 사람이 아닌 자기 자신이 정하는 것입니다.

하지 않아도 괜찮아

## 28
# '내려놓는 것'을 두려워하지 않기

**내려놓으면 곧 '실패자'로 전락하는 셈이잖아요**

  자신감 있는 사람은 도전하려는 의욕도, 실행력도 강해서 원하는 것을 차례차례 손에 넣을 거라고 생각하지만, 사실은 그렇지 않습니다. 인간이란 존재는 그렇게 만능이 아니니까요. 그래서 '내려놓기'를 할 줄 아는 것이 하나의 자신감이 되기도 합니다.

  정말로 자신감이 있는 사람은 '더 이상 끌어안고 있는 건 벅차' '이건 없어도 괜찮아'라며 자기 스스로 내려놓습니다. 무언가를 꼭 붙들고 있는 것보다 내려놓고 마음 편히 있는 게 행복의 기본임을 알기 때문이죠. 마음이 불안정하면 현명하게 선택하지 못하고 현재를 즐길 수도 없어요.

 한편, 자신감 없는 사람은 '내려놓기'를 잘 하지 못해요. 예컨대 일이 너무 많아서 지쳐 나가떨어질 지경이라도 '모두가 이 일에 기대를 걸고 있어' '반드시 성과를 내야 해' '돈을 더 많이 벌어야 해'라는 생각에 얽매여, '만일 못 해내면 자신은 가치 없는 사람이고 인정도 못 받는다'라고 굳게 믿어 버립니다. 그래서 높은 평가를 받고 많은 돈을 벌어도, 몸이 망가지거나 가족과의 시간을 희생하거나 때로는 동료의 공을 가로채기도 하면서 소중한 것을 놓치고 맙니다.

 정말로 자신감 있는 사람은 소중한 것을 지키고, 함께하기 위해 자기 일을 줄일 줄 알아요. 기쁘게 동료에게 꽃다발을 건넬 줄도 알죠. 그렇게 하는 것이 자기 자신을 좋아하게 되는 선택이자 방법임을 알기 때문입니다.

### '어떻게 되겠지'라는 생각만으로 충분해요

 어떤 것을 내려놓으면 다른 것을 얻는 법이에요. '지금 사귀고 있는 그 사람과 절대로 헤어지지 않을 거야'라고 생각했는데, 오히려 상대가 먼저 헤어지는 말을 꺼낼 수 있어요. 이럴 때 자신감 없는 사람은 '절대 인정할 수 없어'라며 언제까지고 집착하거나 매달리며, 한편으로는 그렇게 할 수밖에 없는 자신을 비참하게 느끼기도 합니다. 물론 소중히 여겼던 것을 잃는 건 극심한 고통이겠지요. 하지만 이미 떠난 마음을 붙잡는다 해서 관계가 되살아난다는 보장도 없습니다.

반면에, 자신을 믿는 사람은 현실을 받아들이고 새 인생을 시작하려 할 것입니다. 가슴에 구멍이 뻥 뚫린 것 같던 허전함을 '어차피 이렇게 된 마당에 예전부터 배우고 싶었던 걸 해 보자'라거나 '새 술은 새 부대에 담는다고, 소개팅이나 해 볼까?'처럼 새로운 생각으로 채우지요.

이처럼 집착하고 있던 것을 내려놓으면 처음에는 탄식하고 슬퍼하고 허전하고 어색해도, 그런 상황과 시간이 점점 익숙해져서 '의외로 괜찮네' 하고 깨닫게 됩니다.

그러니 자신만만까지는 아니어도 '어떻게 되겠지. 암, 되고말고'라는 생각만 해도 괜찮아요. '뭐야, 없어도 괜찮잖아?' '오히려 다른 기회가 생기네' 하고 느낄 만한 경험이 많아지면, 덮어놓고 상실을 두려워하지 않고 자신의 길을 걸어갈 수 있을 거예요. 또한 이것이 바로 자신을 지탱하는 자신감 저축이 쌓이고 있다는 증거가 되기도 합니다.

또, 짜증이 나고 분통이 터질 때 대체 뭐가 내 마음을 이렇게 뒤흔드는지 가만히 들여다보세요. 하나하나 되짚어가다 보면 무엇에 집착하고 있는지 알게 되어 '아, 너 때문이었구나, 그런데 이젠 괜찮아' 하며 의외로 가뿐히 내려놓을 수 있을 거예요.

욕구의 상징인 돈, 소유물, 재산, 끝끝내 미련을 떨치지 못하는 과거의 영광, 필사적으로 지키려 하는 자존심, 전혀 실속없는 인간관계, 당연히 옳다고 굳게 믿던 생각…. 이젠 정말로 필요 없는데도 계속 집착하면 마음만 괴로울 뿐입니다.

'좋은 딸(아들)이 돼야 해' '좋은 엄마(아빠)가 되어야 해' '일도 잘하고 주변 사람과 원만한 좋은 직원이 돼야 해' '좋은 친구가 되어야 해'처럼 누구에게나 '좋은 사람'이 되어 주느라 정작 자신은 너무 힘들고 지친다면 '때로는 그러지 않아도 상관없잖아?' 하며 내려놓아도 돼요. 아무리 강하게 집착해도 솔직히 평생 그러기도 힘들고 이 세상을 떠날 때 짊어지고 갈 수도 없는 노릇입니다.

자, 이제 당신은 진짜 소중한 것을 잃을지도 모르는 위기가 다가왔을 때 '이젠 필요 없어'라며 내려놓을 수 있나요?

'그거 없다고 뭔 일 나겠어?'라며 속으로 시뮬레이션만 해도, 마음 그릇이 좀 커져서 제법 배짱이 생겼다고 느낄 것입니다.

✓ 집착을 내려놓으면, 마음과 시간에 여유가 생겨서 상냥하고 친절해질 수 있어요.

# 인간관계에서 자신감을 저축하는 법 10가지

　인간관계는 참으로 쉽지 않아요. 상대방의 반응에 혼자 멋대로 상처받고 마음의 벽을 만들 때가 있습니다. 그런데 자신감이 있는 사람은 상대의 반응에 크게 신경 쓰지 않을뿐더러, 부정적인 반응에도 쉽게 주눅 들지 않아요.
　인간관계는 근본적으로 '나 혼자의 문제'입니다. 상대방은 내가 통제할 수 있는 영역 밖에 있으니까요. 따라서 나부터 달라져야 해요. 두려움을 떨쳐내고 먼저 손을 내미세요. 보상을 바라지 않고 베푸는 사람이 되세요. 상대방이 하지 않길 바라는 것은 나부터 하지 마세요. 그럴 때 자신감도 쑥쑥 쌓입니다. 4장에서는 인간관계에서 자신감을 저축하는 법을 알려 드립니다.

> 스스로 한 걸음 내딛기

##  29
# 두려움을 버리면, 애정과 신뢰가 싹튼다

**부정적 반응이 두려워 말도 꺼내지 못하겠어요**

인간관계에도 '자신감이 있는가, 아닌가'가 큰 영향을 미칩니다. 자신감 있는 사람은 주저 없이 말을 걸기도 하고, 적극적으로 사람들 틈으로 파고들거나 당당히 자기 의견을 말하는 것처럼 보여요. 따라서 누구든 그런 사람을 보면 '부럽다'라는 생각이 들기 마련이지요.

한편, 자신감이 없는 사람은 자기 생각을 말하거나 타인에게 말을 걸 용기도 좀처럼 내기가 어렵습니다. 실제로 직장인 중에 "잘 모르겠는데, 그렇다고 물어볼 수도 없잖아요."라고 말하는 사람이 의외로 많습니다. "아직도 이런 것도 몰라요?"라며 무시당하면 어떡하지' '바보 취급당할지도 몰라' '차가운 반응에 나만 상처받겠지' 등 상대방의 부정적 반응이 두려워서 말도 꺼내지 못합니다. 사람에 대한 두려움이 있기 때문에 자신감을 느끼지 못하는 것이죠.

두려움이란, 나 자신을 지키려고 하기 때문에 생기는 감정입니다. 하지만 사람들 대부분이 결코 두려울 필요가 없는데 두려워하기도 합니다.

이 두려움이란 감정에 휘둘려서 인간관계가 삐걱거리기도 하는데요. 상대의 말과 행동에 짜증이 나고, 쓸데없는 말 한마디에 나 혼자 상처받기도 하며, 허세를 부려서라도 강해 보이려 하고, 질투라는 못된 감정에 휩싸여 상대를 방해하고 싶어 하며, '쓸데없는 간섭'이라며 불쾌하게 느끼기도 하죠. 이런 감정들의 뿌리에는 상대방이 나를 위협한다고 느끼는 두려움이 있기 때문입니다. 그러나 사실은, 공격받는 것도 아니고 목숨을 위협받고 있는 것도 아니에요. 다시 말해 혼자 멋대로 두려워하고, 혼자 멋대로 상처받는 것이죠. 이대로는 자신감이 쌓일 리 없을뿐더러, 오히려 마이너스가 되어 매사에 전전긍긍하는 겁쟁이가 되지 않을까요?

## 사람이란 의외로 친절한 존재예요

여기서 질문을 하나 해 볼게요. 여러분이 인간관계에서 '자신감을 얻었다'라고 표현할 수 있는 때는 언제였나요? 솔직히 말해, 다른 사람에게 칭찬받거나 모두와 친해졌을 때만 자신감을 얻는 게 아닙니다. 오히려 관계가 삐걱거렸던 가족에게 내가 먼저 "그때는 미안했다."라고 사과할 때, 가족의 실수를 웃으며 너그러이 용서했을 때도 내 마음이 넓어진 것 같으면서 자신감이 생기지 않던가요?

선뜻 다가서기 힘들다고 여겼던 사람과 어쩌다 대화를 나누게 되었는데 예상외로 무척 재미있거나, '어, 머리 잘랐네, 잘 어울려!'라는 말에 상대가 기뻐했던 경험이 있을 거예요. 공통 관심사로 분위기가 무르익었던 경험, 예전처럼 감정적으로 공격하고 싶을 걸 참아 냈던 경험도 있고요. 이처럼 내 쪽에서 먼저 움직여 상대방과의 대면을 부드럽게 넘기고서 스스로 '좋아, 잘했어!'라고 인정해 주며 안도하고 기뻐할 때 자신감도 짤랑짤랑 하고 쌓입니다.

그러면서 '그 사람, 의외로 친절하네'라거나 '겁먹지 않아도 되는데 그랬네' 하면서 두려움이 사그라들고 상대방을 괜찮은 사람으로 여기게 될 것입니다. 두려움이 없어지면 그 자리를 애정과 신뢰가 자연스럽게 차지하게 됩니다.

저는 지금까지 자신감을 쌓는 방법에 대해서 계속 설명해 왔습니다. 기본적으로 자신감이 있기 때문에 행동하는 게 아니라 행동하기 때문에 자신감이 생기는 것이라고도 강조했어요. 인간관계도 이와 같아서 '나부터'와 '한 걸음 나아가기'를 실천해 인간관계가 이전보다 나아지는 걸 실감하면, 누구나 안심하게 되고 기쁨과 즐거움을 느끼며 자신감을 갖게 됩니다.

자신감을 갖기 위해 다른 사람에게 인정받아야 한다거나 사랑받아야 할 필요는 없어요. 그저 나부터 오늘 말 한마디를 더 하면 돼요. 이를테면 "안녕하세요, 오늘은 날씨가 좋습니다."처럼 그냥 한 마디 덧붙이면 상대방의 반응도 밝고 부드러워지면서 "그러게요, 오랜만에 맑은 하늘을 보네요."라고 응답할 가능성이 크지 않을까요? 물론 그렇게 했음에도 무뚝뚝하게 대하는 사람도 있겠지만, 장담하건대 긍정적으로 반응하는 사람이 압도적으로 많을 것입니다.

이 밖에도 대화 중에 '○○씨'라고 이름 부르며 말해 보기, 상대방의 이야기 경청하기, 엘리베이터에서 '열림 버튼'을 눌러 주는 그런 당연한 행동에도 '고마워요'라고 감사의 말 전하기, 뭐라도 받으면 순수하게 기뻐하기, 상대가 알아듣기 쉽게 이야기하기 등 인간관계가 지금보다 조금 부드러워지는 방법은 많이 있습니다.

 이런 작은 행동이 자신을 신뢰하고 다른 사람을 신뢰하게 해줄 것입니다.

✔ 먼저 자신의 기대에 어울리게 행동하는 것이, 자신감의 기본입니다.

> 기분 좋아지는 사람

# 30
# 기쁘게 베풀면, 자신감도 두둑해진다

**베풀고 난 뒤, 상대방의 반응이 자꾸 신경쓰여요**

'기브 앤 테이크 Give and Take'라는 말이 있습니다. '일단 해 주고 받는다'라는 뜻으로 비즈니스에서 자주 쓰이는 말입니다. 그런데 인간관계에서도 받을 것(테이크)을 크게 기대하지 말고, '네가 기뻐하니 나도 기쁘다'라고 생각하며 주는 것(기브)으로만 끝내는 편이 훨씬 좋습니다. 자기 자신을 믿는 사람은 다른 사람의 일을 돕거나 작은 선물을 주거나 다른 사람을 소개하면서도 '내가 좋아서 하는 거야'라며 가볍게 여깁니다. 돈이나 시간, 수고로움 등 다소 손해를 보는 일이 있더라도 '그 사람이 기쁘다면, 다행이야'라는 만족과 '나는 다른 사람을 위해 무언가를 할 수 있는 사람이야'라는 자존감이 자신의 가치를 높이고 정신 건강에도 좋다는 것을 알고 있기 때문입니다.

그런데 많은 이가 '베푸는 것'만으로는 성에 차지 않아 합니다. 베풀고 받지 못하면 '내가 이렇게까지 하는데, 너는?' 하며 손해 본다고 생각하기 때문입니다. 연인 관계에서 특히 그런데, 여기에는 어린 시절에 각인된 '다른 사람에게 사랑받지 못하면 존재 가치가 없어'라는 오래된 편견과 위축된 마음이 관련되어 있습니다. '상대방이 기뻐하니 그것만으로 충분해'라는 습관이 없고 '사랑받기 위해서 상대방을 기쁘게 해야 해'라는 습관만 있는 사람은 사랑받는 것이 살기 위한 필수 조건이 됩니다. 다시 말해, 베푸는 이유가 상대방을 위해서가 아니라 자신을 위해서로 변질된다고 할까요? 그런 상태에서 보상을 바라니 상대의 반응에 불만이 생기고, 나는 나대로 자신감을 잃고 결국은 상처만 남게 되죠.

그럼 어떻게 해야 할까요? 걱정할 필요 없어요. 보상이 없어도 살아가는 데는 아무런 문제가 없으니까요. 물론 누구나 사랑받고 싶어 합니다. 하지만 다른 사람의 마음을 내가 조종할 수는 없어요. 따라서 상대방의 태도에 일희일비하면 자신뿐 아니라 상대방도 마음에 상처를 입을 뿐이지요. 그렇다면 상대방의 기분에 집중하기보다는 '내가 좋아서 하는 거니까' '그 사람이 기뻐하면 좋겠어'라는 마음을 소중히 여기는 게 좋지 않을까요? 내 마음은 오로지 내가 만드는 것이고, 그런 마음을 가질 수 있다는 것만으로도 행복하고 자랑스러운 일이니까요.

더 좋은 것은, 기쁘게 베풀면 상대방에게도 그 호의와 친절이 전해져서 '만나면 기분이 좋아지는 사람'이 되고 '이해타산 없이 행동하는 사람' '그릇이 큰 사람'이라는 신뢰도 얻어서 어디서든 어떠한 형태로든 보답을 받을 것입니다. 그게 아니라도 '그 사람이 기뻐해 줘서 다행이다'라는 자기만족으로 이미 충분한 보상을 받은 셈이에요.

### 보상을 바라기보다
### '베푸는' 마음을 소중히 여기세요

한편, '사랑받기 위해서 상대방을 기쁘게 한다'라는 습관을 쌓아 온 사람은 의외로 베풀었다는 사실조차 거의 자각하지 못합니다. 따라서 '상대방이 기뻐해 주는 것만으로도 충분해'라는 습관을 들이기 위해서, 뭔가를 해 주기 전에 '정말로 보상이 없어도 괜찮아?'라고 자신에게 묻는 게 좋겠습니다. 과도하게 베풀지 않는 것도 중요해요. 자기희생을 무릅쓰고 베풀다 보면 '나는 그렇게까지 해 줬는데!'라며 원망하는 마음이 일어날 수 있습니다. 그러니 문득 '해 주고 있다'라는 생각이 머릿속에서 고개를 든다면 아예 하지 않는 편이 낫습니다. 어디까지나 '하고 싶어서 하는 것'이라는 범위를 벗어나지 마세요.

 습관을 바꾸는 데 추천하고 싶은 방법 중 첫 번째는 '5분 안에 베풀 수 있는 친절'을 적극적으로 해 보는 것입니다. 일전에 친구가 궁금해했던 정보를 그냥 알려주기, 업무 폭증으로 힘들어하는 동료를 그냥 돕기, 무거운 짐을 들고 가는 사람이 있으면 그냥 같이 들기처럼 실제로 해 보면 기분이 좋아지고 "아유, 사례는 무슨, 괜찮아요."라고 말하며 인심 후한 사람이 된 것 같은 뿌듯한 마음이 차오를 것이죠. 그러다 보면 점점 시간과 수고가 드는 일도 기꺼이 할 수 있게 됩니다. 특히 상대방이 어떤 신념을 갖고서 하는 일에 흔쾌히 힘을 보태고 싶어집니다.

 수십 년 전의 일입니다. 제가 시골에서 갓 상경해서 돈도 없고 일자리도 없던 때에 일주일에 몇 번이나 자기 집으로 불러서 밥을 같이 먹자고 해 주는가 하면, 몇 년이나 공짜로 살게 해 주고, 일을 할 수 있게 기회를 주는 등 아무 대가 없이 응원해 준 사람들이 있었습니다. 내가 '언젠가는 나도 받는 사람이 아닌, 주는 사람이 되고 싶다'라고 생각했던 것도 그들의 어른답고 애정 어린 모습 때문이었습니다.

'기꺼이 베푸는 사람'은 자신감 있게 살며, 밝게 빛나기 마련입니다.

✓ 상대의 기쁨이 내 기쁨이 되는 것은, 내 삶이 가치가 있다고 실감할 수 있기 때문입니다.

대화의 실마리

# 31
# 남에게 신경 쓰기보다 나부터 마음을 열자

*당당한 척하지만,*
*내 진짜 모습을 들킬까 봐 겁나요*

자신감 없는 사람은 '다른 사람이 나를 어떻게 생각할까'에만 신경 쓰느라 허세를 부리며 자랑을 늘어놓고, 진짜 모습을 들킬까 봐 긴장한 나머지 나답게 행동하지 못합니다. 이처럼 허세를 부리고 과시하다 보면 자신감은커녕 '상대방이 나를 무시하는 게 아닐까?' '깔보는 게 아닐까?' 하며 오히려 두려워하게 돼요. 그러다 "그게 아니라고요." 하고 지적당하면, 마치 자신이 부정당한 것만 같아 크게 좌절하고, 자신과 가치관이나 의견이 다른 상대방에게 적대감을 품고 공격하죠.

'인정받고 싶다'라는 인정 욕구는 누구에게나 있습니다. 그런데 거기에 너무 집착해서 '인정받지 못하는 나는 가치가 없어'라고 생각하던 끝에 폭주해 버리는 경우도 있습니다. 요즘은 직장에서나 지역에서나 인정 욕구가 충족되지 않아서인지 무조건 고압적인 태도를 보이거나 SNS에 악의적 댓글을 다는 사람이 많이 늘어난 것 같습니다. 이렇듯 다른 사람에게 항상 경계심과 적의를 품고 마음을 열지 않는 사람과 대화하면, 마치 나에게 뭔가를 해달라고 요구하는 것만 같아서 무척 진이 빠집니다.

반면, 자신을 믿고 다른 사람도 신뢰하는 사람은 마음을 열고 솔직하게 '소통'하려는 자세를 취합니다. '날 인정해 줘'가 아니라 '우리 사이좋게 지내요'라는 의도가 깔려 있으므로 서로가 마음이 편합니다. 이때는 경계심이나 적의가 없어서 '그게 아니고요'라고 지적당해도 '그렇군요, 말해줘서 고마워요'라고 선뜻 받아들입니다. 설령 가치관이 달라도 '아, 그렇게 생각하는구나, 나랑은 다르지만 네 말도 일리 있네'라며 의견을 존중합니다.

지금의 자신에 대해 그야말로 확고한 믿음까지는 아닐지라도

'너는 너고 나는 나야, 나는 이게 좋아'라고 하는 '내 기준'과 '타협점'이 있는 사람은 다른 사람이 어떻게 생각하든 그리 신경 쓰지 않아요. 그리고 참 신기하게도, 좀 전까지만 해도 성난 황소처럼 힘이 잔뜩 들어가 있던 어깨가 차분해지면서 있는 그대로의 나로 돌아가죠. 따라서 자연스럽게 상대방에게 흥미가 생기고 서로 공감하며 즐겁게 소통하게 됩니다.

## '가벼운 대화'와 '호의적인 스트로크'를 습관화하세요

'소통'이라고 해서 꼭 긴 시간을 들여 깊은 대화를 해야 하는 건 아닙니다. 외국이나 일본의 시골에서 버스를 타거나 작은 음식점에 들어가 앉으면, "어머, 안녕하세요? 어디서 오셨대요?"라며 가볍게 말을 걸어오는 사람이 있어요. 몇 마디만 주고받아도 '나는 이상한 사람이 아니니 잘 부탁해요'라는 무언의 메시지를 통해 서로를 향한 경계심을 누그러트리고 편안하게 대할 수 있기 때문이죠. 생각해 보세요. 아무 말 없이 무뚝뚝하게 계속 있으면 둘 다 긴장과 불안감으로 좌불안석이 되지 않던가요?

동료든 이웃이든 스포츠센터에서 알게 된 누군가든 엘리베이터 앞에서 짧은 인사를 나누고 식사 시간이나 휴식 시간 때 세상 돌아가는 얘기, 요즘 어찌 지내는지 등 가볍게 대화하는 습관을 기르면 기분 전환도 되고 서로가 즐거울 것입니다. 신뢰 관계의 기본은 마음을 여는 것 즉, '자기 개방'이기 때문입니다. "전 요즘 핫 요가에 푹 빠져 있는데요, 선배님은 운동 같은 거 하시나요?"처럼 가볍게 물어보세요. 좋아하는 것, 흥미 있는 것, 취미나 배우고 있는 것 등 상대방에 대해 알면 알수록 대화도 즐거워집니다.

여기에 커뮤니케이션을 더욱 즐겁게 만들기 위해 일상에서 호의적인 '스트로크 Stroke'를 늘려 나가면 좋겠어요. '스트로크'란, 상대방과의 교류를 위한 일종의 '마음 자극'을 말하는데, 상대방에게 긍정적인 반응을 보여 마음이 부드러워지는 정도면 충분합니다.

예를 들면, 웃는 얼굴로 인사하기, 헤어 스타일이나 옷차림 같은 상대방의 변화를 알아채고 칭찬하기, 지친 상대를 위로하고 격려하기, 조그마한 호의에도 '고맙다'라고 말하기 등 작은 스트로크를 반복하기만 해도 호감도가 높아지고 친근감이 커지며 신뢰 관계의 토대가 마련됩니다. '가벼운 대화'와 '호의적인 스트로크'의 습관으로 어느새 서로에 대한 경계심이 사라지고 자연인으로 대면할 수 있게 될 거예요.

　사람은 '있는 그대로의 나'로 타인을 만날 수 있을 때 스스로 자신감을 얻습니다. 따라서 사람을 신뢰하는 것은 자기 자신을 신뢰하는 것이기도 합니다.

✓ 신뢰 관계의 기본은, '인정받는 것'보다 '알아주는 것'입니다.

자기 나름의 예의

# 32
# 상대방이 하지 않길 바라는 것은 나도 하지 않기

**인간관계에 자신이 없어요**

많은 사람이 인간관계에서 서로 배려하고, 항상 다른 사람을 즐겁게 하거나 엄청나게 사랑받는 걸 중요하게 여깁니다. 그런데 사실 그보다 중요한 건, 상대방에게 불쾌감을 주지 않는 것이에요. 추상적인 표현이지만, 플러스까지는 아니더라도 마이너스만 만들지 않으면 된다고 할까요?

무심코 내뱉은 실언이 상대방을 마음 상하게 만들고 응어리를 남깁니다. '좀 불편하네'라며 분위기가 싸늘해지는가 싶다가, 이것저것 꼬이고 어색해지기 시작하지요. 그 결과 '인간관계란 게 참 어렵네' '난 역시 안 돼' 하면서 자신감을 잃어버리곤 합니다.

하지만 인간관계란 그다지 어렵지 않아요. 내가 먼저 '상대방이 하지 않았으면 하는 일은 하지 말자'라는 마음가짐을 갖는 것만으로도 충분합니다.

상대방이 당신에게 어떻게 했을 때 싫었는지 한번 떠올려 보세요. 예를 들면 이런 것들이죠. 무시한다, 듣기 싫은 말을 한다, 일부러 상처 주는 말투로 말한다, 싫은 듯한 반응을 보인다, 단순히 주의를 주는 정도를 넘어 아예 인격을 부정한다, 상대방을 무시하고 깔본다, 사람에 따라 대하는 태도가 달라진다, 분명하게 말하지 않고 비꼬며 말한다, 짜증을 일삼으며 화를 낸다, 약속을 지키지 않는다, 메일을 보내도 며칠씩 열어 보지도 않는다, 은밀히 뒷담화한다, 언제나 자기 입장만 우선하고 밀어붙인다, 따돌린다….

'사람으로서 어떻게 그럴 수 있지?' 혹은 '그런 행동은 결코 해서는 안 된다'라고 생각할 거예요. 그런데 두려움, 불안, 혐오감 등 부정적 감정에 사로잡히거나 막역한 사이가 되면 '이 정도는 괜찮겠지'라는 익숙함과 안일함에 빠져 쉽게 실수하곤 합니다.

### 간섭, 의존, 무관심,
### 이 모두가 불편함의 근원입니다

당연한 것을 상대방도 당연하게 받아들이면, 인간관계에 큰 문제가 생기지 않습니다. 그런데 그게 안 되기 때문에 불편하게 여기고 실망하는 것이죠. 따라서 논쟁이 다툼으로 번지려 할 때, 싫은 감정이 태도로 드러나려 할 때는 일단 마음을 진정시킨 뒤에 대응하는 게 좋습니다.

"내가 받고자 하는 대로 해 주어라."라는 말을 들어 본 적 있을 것입니다. 예의의 본질을 잘 표현한 말로, 사람과 사람이 기분 좋게 만나기 위해서 당연히 지켜야 하는 암묵적 규칙을 뜻하고 있습니다. 솔직히 요즘엔 '예의 같은 것, 너무 딱딱해서 말이지'라며 등한시되기도 하지만, 그럼에도 누군가를 믿을 수 있는가 없는가를 판단할 때는 예의가 핵심입니다.

여러분은 가장 가까운 가족에게 "다녀오겠습니다."와 "그래, 오늘도 수고했다."라며 빠트리지 않고 인사할 수 있습니까? 가족에게 무얼 받았을 때 "고맙다."라고 말할 수 있습니까? 가족이라도 불편하게 했다면 "미안하다." 하고 진심으로 사과할 수 있습니까?

우리는 누군가가 "안녕하세요." "고마워요." "미안합니다." 라고 진심을 담아 말할 때 비로소 내가 존중받고 있다고 느끼고 안심하게 됩니다. "친한 사이에 무슨 예의냐."라고 말하는 사람도 있지만, 친한 사이일수록 반드시 예의를 지켜야 합니다. 관계가 가까워지면 서로 익숙해지고 편해져서 예의에 벗어났다는 것조차 인식하지 못한 채 잘못을 저지르는 경우가 많거든요.

잉꼬부부라고 소문난 여성에게 남편과 좋은 관계를 유지하는 비결을 물은 적이 있습니다. 그녀는 이렇게 대답했어요.

"남편의 취미나 하고 싶어 하는 것을 두고 '그걸 뭐 하러 하느냐'며 절대로 부정하지 않는 것입니다. 그리고 뭔가 찜찜한 게 있을지라도 스마트폰이나 컴퓨터를 훔쳐보지 않고요. 왜냐고요? 간단합니다. 남편이 나에게 그렇게 한다면 나 역시 싫을 테니까요. 아무리 사이가 좋더라도 예의랄까, 그런 넘지 말아야 할 선이 있습니다."

상대방을 존중해 적당한 거리감을 유지했기 때문에 남편과 사이좋게 지낼 수 있다는 뜻입니다.

사람 사이의 간섭, 의존, 무관심은 모두 불협화음의 원인이 됩니다. 인간관계에서 흔히 발생하는 문제 대부분은 소통 부족이 원인입니다. 따라서 그렇게 되지 않기 위해서라도 너무 가까워서도 안 되고 너무 멀어서도 안 되는, 가능한 한 기분 좋은 상태를 유지할 수 있는 적당한 거리가 필요합니다.

또, 경력 많은 베테랑 편집자에게 "평소에 일하면서 유념하고 있는 것은 무엇인가요?"라고 물었다가 "회의에 조금 일찍 도착하기, 메일에 일찍 답신하기입니다."라는 의외의 대답을 들은 적이 있습니다. 그런데 곰곰이 생각해 보니 '일찍'이란 말에 그녀 나름의 사람을 소중히 여기는 예의가 담겨 있음을 깨달았습니다. 그녀는 그렇게 행동하면서 언어적 표현으로도, 마음 씀씀이로도 다시 말해 다른 영역에까지 예의를 확장해 나갔을 것입니다. 그리고 그녀의 정중한 태도를 접한 사람은 '이 사람이라면 믿을 수 있겠다'라고 생각하지 않았을까요?

일터의 동료, 내 주변 사람, 동호회 동기, 익숙한 가게에서 만나는 사람 누구에게라도 "좋은 아침' '고마워요' '미안해요'만큼은 확실히 말한다'와 '상대가 하지 않았으면 하는 행동은 나도 하지 않는다'라는 예의를 마음에 꾹 새기면 좋겠습니다.

나만의 예의라는 '틀'을 세우고 따르다 보면 자연히 다른 사람을 소중히 대하게 되고, 즐겁고 기분 좋은 인간관계를 만들 수 있습니다.

✓ 예의를 갖추면, 이에 구애받지 않고 모든 사람과 잘 어울릴 수 있습니다.

남을 심판하지 않기

# 33
# '남을 용서하는 마음'이 필요할 때가 있다

**'나쁜 상사' 때문에 날마다 울화통이 터져요**

관리직으로 일하는 남성 두 사람이 이런 푸념을 하는 것을 들었습니다.

"요즘 젊은 직원들 말이야. 이렇게 바쁜데도 아주 당연하게 육아 휴직이라든가 유급 휴가를 신청하는데, 우리 때는 어디 가당키나 한 일이었나. 내가 빠지면 다른 직원들에게 폐를 끼치는데 어떻게 다 챙겨서 쉬는지 말이야."

"야, 그런 건 시대착오적 발언이야. 부하 직원이 제대로 쉴 수 있게 해 주는 게 상사가 할 일이라고. 나는 그래도 쉬는 것까지는 좋다 이거야. 출근해 놓고선 일 안 하는 놈들이 아주 용서가 안 돼!"

듣다가 저도 모르게 웃고 말았습니다. 두 사람 다 용서 못 하는 포인트가 다른 데다, 자기 혼자 정하고 금지한 것이면서 그것을 어겼다고 용서를 하네 마네 하는 게 참으로 어의가 없었습니다. 게다가 매일매일 이렇게 용서할 수 없는 부하 직원을 대하느라 스트레스가 쌓이니 얼마나 울화통이 터지겠어요. 하지만 부하 직원 역시 혼자 분풀이하는 상사에게 대응하느라 스트레스가 이만저만 아닐 것입니다.

여기서 잠시 이 '용서 못 해'라는 감정에 대해서 생각해 볼까요. 용서할 수 없는 사람이 주변에 있으면 갈등과 마찰이 일어날 때가 많고, 급기야 사람을 신뢰할 수 없게 되거나 자신감이 곤두박질칩니다. 여기서 가장 이야기하고 싶은 것은, '용서한다, 용서하지 않는다'에 관한 판단은 다른 누가 하는 게 아니라 자기 자신이 해야 한다는 점이에요.

만일 여러분 안에 원망과 미움, 혐오 같은 부정적 감정이 남아, 그 '독'이 마음과 육체를 상하게 한다면, 상대방을 향해 쏘았던 독화살이 오히려 부메랑처럼 돌아와 자기 자신을 찌르는 것과 다르지 않습니다. 이 말이 위협적으로 들릴지도 모르지만,

오랜 시간 '용서할 수 없는' 마음을 품고 있으면 심신의 건강에 매우 부정적인 영향을 끼칩니다. 찌푸리고 있느라 미간과 입 주변에 깊은 주름이 패어 인상이 괴팍하게 변하는 건 새 발의 피예요. 그렇게 되고 싶지 않다면, '판단하지 않을 거야'라는 마음가짐을 꼭 갖길 바랍니다.

## '좋다, 싫다' 식의 흑백 논리를 고수하면
## 자신만 상처 입어요

우리는 '용서한다, 용서하지 않는다' '좋다, 나쁘다' '네 편이다, 내 편이다' '좋아해, 싫어해'처럼 세상을 둘로만 가르려는 흑백 논리에 사로잡혀 있습니다. 내 이상과 가치관에 맞는 상사 혹은 부하라면 '좋은 상사, 좋은 부하 직원'이지만 조금이라도 다른 부분이 있으면 '나쁜 상사, 나쁜 부하 직원'이 되어 버리죠. '좋은 사람'이라고 판단하면 전폭적으로 신뢰하지만, '나쁜 사람'이라고 판단하면 '믿었는데 배신당했다' '믿을 수 없다' '안 만나고 싶다'라며 적개심을 갖습니다. '자신이 만든 세상에 관한 규칙'으로 다른 사람을 판단하고 단정 짓는 것이죠.

그런데 이런 버릇이 있으면 '반드시 ~해야 한다' '꼭 ~하지 않으면 안 된다' '절대로 ~해서는 안 된다'라는 규칙을 타인에게 강요하고, 심지어 본인에게도 강하게 밀어붙여서 모든 순간이 스트레스로 가득 차고 말죠.

'용서할 수 없다'라는 생각이 들 때 '아니야, 내가 판단하지 않는 게 맞아'라며 자신을 타이르세요. 사람에게는 이런 면도 있고 저런 면도 있기 때문입니다. 비열한 짓을 저지르는 사람이 있을 때, 나의 세계관으로는 '그런 일은 절대 있을 수 없다'라는 규칙이 있을지라도, 상대방의 세계관에서는 '있을 수도 있는 일'일지도 모르니까요. 이처럼 세상은 속속들이 알 수 없는 회색이므로 그 사람이 '좋은 사람인가, 나쁜 사람인가'를 내가 판단할 필요가 없습니다. 진짜로 그가 비열한 짓을 저지르고 있으면 사람들의 신뢰를 잃을 테니 어찌 됐든 곤란해지는 것은 그 자신일 테니까요.

"실수는 인간의 타고난 성질, 용서는 신의 마음"이라는 격언이 있습니다. 인간은 실수를 저지르기 쉬운 존재이고 그것을 용서하는 것은 신이라는 뜻이죠. 그만큼 인간끼리 '좋아, 나빠'라고 판단하는 것은 바람직하지 않음을 표현한 말이라고 생각합니다.

단, '남편이 집안일을 전혀 하지 않아서 용서할 수 없어' '회사 동료가 시간을 지키지 않는 걸 용서할 수 없어' '이웃집의 층간 소음을 용서할 수 없어'처럼 당장 해결해야 할 주제는 별개로 칩시다.

'말도 안 돼' 하며 용서할 수 없는 것을 '그럴 수도 있지'로 바꿔 보면, 마음이 편해지고 좀 더 현실적인 대응책도 찾을 수 있을 것입니다. '어째서 사람이 그 모양이지?'가 아니라 '어떻게 하면 해결할 수 있을까?'라고 생각하면서 스스로 해결책을 찾는 경험이 자신감을 만들어 줍니다.

이제부터라도 '판단하지 않기' 그리고 '스스로 해결하기'로 마음의 독소를 해독해 보세요.

✓ 다른 사람을 용서하면, 자신도 용서할 수 있습니다.

> 어른답게 대응하기

# 34

# 타인을 대하는 방식을 바꾸면 자신감도 '짤랑'

### 상대방의 언행이 자꾸 거슬려요

제가 인간관계에 어느 정도 자신이 있는 것은, 많은 사람과 접촉해 본 경험도 있지만 딱 한 가지만큼은 신조로 지켜 왔기 때문입니다. 그것은 바로, 사람을 싫어하지 않는 것이에요. 이것만 조심하면 그렇게 성가신 일은 벌어지지 않습니다. 인간관계에 문제가 많거나 심각하게 고민하는 사람은 상대방에게 혐오감과 적개심을 가지고 있어서, 그것이 태도에 배어 나오기 때문이에요. 상대방도 거기에 반응하는 것이죠.

인간관계란, 기본적으로 '나 혼자의 문제'입니다. 상대방에 관한 것은 내가 통제할 수 없는 영역이에요. 오로지 '내가 어떻게 느끼고, 어떻게 생각하고, 어떻게 대응할까'의 문제인 거죠. 이에 어떻게 결론을 내리느냐가 상대방에게 영향을 주고, 인간관계도 결정합니다.

"하지만 진짜로 못된 사람이라 얼마나 괴로운데요." "진짜로 싫어 미치겠어요."라며 반발하는 소리가 들리는 것 같은데요. 이 또한 다행히 해결이 어렵지 않습니다.

- 상대방의 감정·행동 → 상대방의 책임
- 나의 감정·행동 → 나의 책임

이것만 잊지 말고 있으면 됩니다. '내가 책임져야 하는 것'과 '상대방이 책임져야 하는 것'을 확실히 구분하는 게 정말 중요해요. 나와 타인 사이의 의식적인 경계선을 '바운더리 boundary'라고 부르는데, 바운더리가 애매한 사람은 상대방의 짜증, 미숙한 언동까지 내 것으로 받아들고서 괴로움을 느낍니다.

저는 상대방이 내뱉은 말에서 적개심이나 짜증이 느껴지면 "아, 그러시군요."라며 흘려버릴 뿐 받아들이지 않습니다. 상대방이 짜증 내는 이유가 가정에 무슨 일이 있어서, 혹은 바빠서 마음에 여유가 없어서일지도 모르지만, 그건 내가 알 바가 아니니까요.

'어, 내가 뭐 잘못했나? 미움받고 있는 거야?' 같은 걱정도 할 필요 없어요. 상대방의 감정은 상대방에게 책임이 있기 때문입니다. 이와 마찬가지로 내 감정은 나에게 책임이 있어요. '나와 상대방은 다른 사고방식과 가치관이 있다'라고 바운더리를 확실히 해 두면 가치관이 다른 상대방에게 화가 난다거나 '어째서 ~해 주지 않는 거지?'라며 지나치게 기대하고서 실망하는 일도 없어요.

상대방이 과격하게 나온다면 '아, 당신은 지금 그렇군요'라며 내가 통제할 수 없는 것이라고 인식하고 '자, 그럼 나는 이제부터 어떻게 할까?' 하며 작전을 짜면 됩니다. 다른 방식으로 접근하거나, 포기할 것은 빠르게 포기하고 스스로 해결해 나가는 것이죠.

### 악의 없이 대하면 나쁜 일은 일어나지 않아요

중요한 점은, '저 사람은 그런 면도 있구나'라며 넘길 뿐 너무 크게 생각하지도 말고 싫어하지 않는 것이에요. 상대방을 향한 혐오감이 독이 되어 자기 자신을 괴롭히기 때문입니다. 그러기 위해서는, 평소에 한 가지라도 좋은 점을 찾아서 존경과 감사를 표현해 보는 게 좋아요. "어쩜 그렇게도 화제가 풍부해요."라고 칭찬하거나 "지난번에는 감사했습니다."라고 감사의 인사를 건네면, 그 사람을 좋아하지 않더라도 최소한의 예절은 지킬 수 있을 것입니다.

그럼에도 상대방의 태도가 너무 지나칠 때는 "무슨 일 있었어요?"라고 물어보세요. 대부분은 악의 없는 담백한 소통으로 해결할 수 있는 문제일 테니까요. 어쨌든 마음속 답답함을 시원하게 풀어 줄 수 있는 사람은 자신뿐입니다. 단, 그렇게 아무리 노력해도 이 사람과는 관계를 개선할 수 없다 싶으면 물리적인 거리, 정신적인 거리를 두는 편이 건강에 이롭습니다.

인간관계에서 일어나는 갈등 대부분은 자신의 사고방식과 대응법을 바꾸면 해결됩니다. 상대가 누구든 '꽤 괜찮은 대응이었어!'라고 스스로 만족하고 대견해할 수 있는 어른다운 행동을 해야 하지 않을까요? 대하기 불편한 사람에게도 내가 먼저 인사를 할 수 있을 때, 상대방의 실언에 "그 말은 좀 지나쳤네요."라며 짚을 건 짚으며 웃어넘길 때, 쓸데없는 간섭에 "감사합니다, 그렇지만 생각 좀 더 해 볼게요."라며 부드럽게 막아 냈을 때 자신감도 짤랑짤랑하고 쌓입니다. 그렇게 해서 '성공 경험'도 하나씩 하나씩 늘어나는 거죠.

움켜쥐고 있던 분노, 원망 같은 부정적인 감정을 놓아 버리면 마음이 해방되어, 좀 더 상냥해지고 현명해져요. 무엇보다 눈앞에 있는 내가 할 일에 집중할 수 있게 됩니다.

✓ 사람은 자신의 감정도, 상대방을 대하는 태도도 스스로 선택할 수 있는 존재입니다.

> 자기주장을 하는 습관

# 35

# 'NO'라고
# 확실히 말하기

**부탁이나 초대를 거절하기가 너무 어려워요**

다른 사람의 초대나 부탁을 "거절하기 어렵다."라고 말하는 사람이 많습니다. 예전에 저도 그런 사람이었습니다. '술자리를 거절하면 이 사람이 기분 나빠 하지는 않을까?' '이번 일을 거절했다가 두 번 다시 일이 안 들어오면 어쩌지?' 하며 걱정했었지요. 그래서 '고민하느니 차라리 받아들이자'라는 생각에 고달파도 꾸역꾸역 해냈습니다.

단순하게 표현하자면, 자기주장을 하는 습관이 없었던 것이죠. 그때는 남들에게 미움받지 않으려고 눈치도 많이 봤고, 사람들과 잘 어울릴 자신도 없었습니다. 그랬던 제가 'NO'라고 확실히 말할 수 있게 된 것은, '이러다가는 내가 이 사람을 싫어하게 되겠다'라는 생각이 들었기 때문입니다. 무리해서 술자리에 가거나 일을 받아서 하고 있자니, 점점 상대방이 원망스럽게 느껴지더군요. 친구나 친지 모임은 물론이고, 이웃과 교제할 때도 하고 싶은 말을 참고 있자니 가슴이 답답하고 짜증이 올라오는 일이 많아졌습니다. 미움받고 싶지 않아서, 풍파를 일으키고 싶지 않아서 상대에게 맞춰 준 것인데, 결국은 상대방이 싫어져서 인간관계가 삐걱거리게 된 것이죠.

그러던 어느 날, 이번 일을 거절하지 않으면 내가 어떻게 될 것만 같아서 아주 조심스럽게 "죄송하지만, 이번 일은 못 할 것 같아요."라며 말한 적이 있습니다. 그러자 상대가 깔끔하고 담백하게 대답했습니다.

"그래요? 그럼 다음에 다시 연락할게요."

물론 미움받지도 않았고 일이 끊어지지도 않았습니다. 그때부터 이런저런 상황으로 만나는 상대방에 대해서 '그러네, 거절해도 되는 거였어'라는 경험을 몇 번 하다 보니, 점점 거절에 대한 저항감이 사라졌습니다.

지금은 친한 친구의 초대도 절반 이상은 "미안해, 이번엔 못

가겠어."라고 거절해요. 그러면 친구도 "그래? 그럼 다음에 보자."라고 이야기하죠. 내가 만나자고 할 때도 친구의 상황과 의사를 우선으로 고려합니다. 서로에게 솔직하기 때문에 크게 부담 없이 만나자고 하기도 쉽고 거절하기도 쉽습니다. 이처럼 마음이 편안한 관계가 오래 이어집니다. 아니, 자연스럽고 편안한 관계만이 오래 이어질 수 있다고 장담합니다.

  회의에서 의견을 말해 달라는 요청을 받았을 때나 상대방과 다른 의견을 갖고 있을 때 "내 의견을 말하지 못하겠어요."라고 말하는 사람도 제법 많습니다. "점심 먹으러 어디로 갈래?"라는 말을 들었을 뿐인데, 너무 부담스러운 나머지 "그냥 모두가 원하는 곳으로 가죠."라고 하는 사람도 있어요. 이 역시 나중에 무슨 핀잔을 들을까 걱정되어 대세에 따르겠다고 한 것이겠지요. 하지만 그런 말을 반복하다 보면 '자기 의견이 없는 사람' '뭐든지 좋다고 하는 사람'으로 여겨져서 더 이상 의견을 묻지 않을 수도 있어요.
  또한 의견을 묻는 사람으로서도, 설령 반대 의견일지라도 명확히 표현해 주고 결정할 때도 함께 참여하면 좋겠다고 생각하지 않을까요? 그러니 자신의 의견을 밝히는 것만으로도, 매력적이고 이해하기 쉬우며 신뢰할 만한 사람이 되는 거예요.

## 서로가 솔직할 수 있어야
## 편안한 관계가 만들어져요

그럼 어떻게 해야 의견을 말하기 쉬워질까요? 이때까지 말하지 않던 사람이 말하는 사람으로 바뀌려면 무엇보다 '익숙함'이 필요합니다. 다음에 소개하는 '의견을 말하기 쉬워지는 3가지 포인트'는 저도 적극적으로 실천했던 것들입니다.

1. '의견을 말할 수 없다'가 아니라 '의견을 말하지 않는다'라고 생각한다.
2. '본심을 감추면 안 되는 상황인가?'라고 자신에게 묻는다.
3. 의견을 말할 때는 상대방의 말이 다 끝난 뒤에 한다.

'의견을 말할 수 없다'라고 고민하는 사람 대부분은 자신의 의견을 말해도 괜찮을 것 같은 '상대방'과 '상황'일 때만 말할 수 있는 사람입니다. 그러므로 '의견을 말할 수 없어'라고 느껴질 때는 '의견을 말하지 않는 것을 선택했다'라고 생각을 전환하는 게 좋습니다. 같은 상황이라도 '말하지 못한다'라고 하는 것과 주체성을 갖고 '말하지 않는다'라고 하는 것은 정신적인 부담 면에서 완전히 다르기 때문입니다. '내가 말할 수도 있지만 지금은 상대방에게 맡긴다'라는 관점이므로 자책할 일도 없고 '저 사람 때문에'라며 상대방을 비난할 일도 없습니다.

두 번째로, '지금은 내 본심을 감춰야 할 때인가? 만일 그게 아니라면 툭 터놓고 말해도 좋지 않을까?'처럼 긍정적으로 생각해 보는 것입니다. 그 결과 '굳이 무리해서 말하지 않아도 되겠네'라는 생각이 들 때도 있고 '의견을 말하는 편이 서로에게 도움이 되겠어'라는 생각이 들 때도 있을 것입니다. 결정은 자신의 몫입니다.

또 의견을 말하는 방식도 중요합니다. 말하는 것에 익숙하지 않을 때는 상대방의 이야기를 경청하고 그의 말이 다 끝난 뒤 내 말을 하는 '주거니 받거니' 하는 대화를 추천합니다. 내가 잘 들으면 상대방도 내 말을 잘 들어 줘요. 그리고 내 의견이 상대방과 반대될 때는 "그럴 수도 있군요, 저는 이렇게 생각하는데, 어떠세요?"라고 상대방의 의견을 긍정하고 나서 내 의견을 덧붙여 말해야 나도 말하기 쉬워요. 그리고 결국 자신의 의견이 부정당했다 하더라도 '어쨌든 내 생각을 전달할 수는 있었어'라며 충분히 잘했다고 자신을 칭찬해 주세요.

✔ 자신의 의견을 말하지 않는 것은, 자기 삶을 책임지지 않는 것과 같습니다.

관계 확장하기

# 36
# '마음이 놓이는 관계'에서 자신감이 샘솟는다

**인간관계로 인해 자신감이 떨어질 때가 있어요**

자신감은 인간관계와 크게 연관되어 있습니다. 인간관계가 양호하면 자연히 자신감이 생깁니다. 하지만 가족 간에 다툼이 끊이지 않거나 직장 내에서 인간관계가 삐걱거리기라도 하면 자신감도 확 떨어지죠. 누구나 원만한 인간관계를 맺으며 스트레스 없이 서로 인정하고 돕고 살길 바라기 마련입니다. 만약 그렇지 못하다면 자기 자신을 믿는 자존감도 확 떨어질 것입니다. 단, 직장에서의 인간관계가 최악일지라도 마음 통하는 친구와 한바탕 수다를 떨거나, 취미 동호회에 참가해서 상처받은 마음을 위로받으면 자신감이 회복되는 사람도 있긴 합니다.

한 방송 프로그램에, 인터넷 게임을 통해 알게 된 낯선 남성과 SNS로 10년간 문자 메시지를 주고받아 온 남성이 출연한 걸 본 적이 있습니다. 이름도, 얼굴도, 나이도 모른 채 "오늘은 금요일이니 몸도 무겁고 피곤하지만, 힘냅시다." 같은 간단한 문자를 주고받는 게 일과처럼 되었다고 하더군요. 둘 다 "그만둘 이유가 없으니까 계속하고 있지요."라고 말하는 것이었어요. 처음엔 남편의 바람을 의심했던 아내는 사실을 알고서 안심은커녕 되레 슬픈 감정이 들었다고 말했습니다. 그러면서 "남편이 얼굴도 모르는 사람과의 교류에서 마음 둘 곳을 찾았다는 사실에 착잡한 마음이 들면서도, 한편으로는 '그 덕분에 마음이 편안해지지 않았을까?' 하고 이해하게 되었다."라고 덧붙였습니다.

## 의지하고 의지가 되어 주면서
## 인간관계는 만들어져요

인간관계에서 불편한 일이 있을 때, 연애 중에 상처받는 일이 있을 때 술집이나 와인 바 같은 곳에서 모르는 사람과 수다를 떨면 자존감이 덜 위축된다는 사실이 실험으로 증명되었다고 합니다. 그러고 보면 모르는 사람과 SNS 문자 메시지를 주고받는 것도 이와 비슷한 효과가 있지 않을까요? 이해관계가 얽혀 있지 않기 때문에 가벼운 잡담으로 시작해 서로의 관심사를 공유하고, 점차 속 깊은 이야기를 꺼내놓을 수 있는 것이죠. '마음을 열고 말할 수 있는, 내 말을 들어 주는 누군가가 있다'라는 것만으로 마음이 든든해지고 자신감도 지킬 수 있습니다.

또, 혼자서는 감당할 수 없는 어려운 문제나 속상한 일이 있을 때 내 이야기를 들어 주는 친구가 있다는 것도 엄청난 도움이 됩니다. '좋은 친구가 있다'라는 사실 자체만으로도 커다란 자신감의 원천이 되고, 존경할 만한 친구일수록 그와 인연이 이어지고 있는 나 자신이 자랑스러울 것입니다.

말없이 그저 내 이야기를 들어 주는 사람, '바보 같은 소리'를 해도 허물없이 깔깔거리며 웃어 주는 사람, 언제나 지켜봐 주는 사람, 갈팡질팡하는 속내를 털어놓을 수 있는 사람, 때로는 날카로운 조언도 서슴지 않는 사람, 내가 곤란할 때 손을 내밀어 주는 사람 등 사람과의 인연은 무엇과도 바꿀 수 없는 값진 재산이 되어 줍니다.

표면적으로 많은 사람과 연결된 관계보다 비록 몇 안 된다 해도 무슨 일이 닥쳤을 때 "할 얘기가 있는데 잠깐 시간 돼?"라며 부탁할 수 있는 친구가 있는 게 훨씬 든든한 것은 두말할 필요도 없습니다. 저는 '요리에 관한 거라면 그 사람에게 물어보자' '세금과 보험은 이 사람이 빠삭하지' '사회 문제에 대해서는…' 하면서 평소에도 여러모로 친구들에게 의지하고 있어요. 나는 자신 없는 분야지만 그것을 커버해 줄 인연이 있으므로 자신감이 생깁니다.

존경할 만한 친구가 있다는 것은 그야말로 행복입니다. 가볍게 부탁하면 대개는 그들도 가볍게 응해 주며, 나도 그들이 어떤 부탁을 하든 도움이 되는 사람이 되려고 합니다. 사람은 상대방에게 도움이 되었다는 것에 기쁨과 행복을 느끼는 생명체니까요. 이렇듯 부탁하고 부탁받고, 감사하고 감사를 받으며 인연은 더 끈끈해집니다.

'다른 사람과 친해지고 싶다' '친구가 있으면 좋겠다' 싶을 때는 무조건 나부터 마음을 열고 소통하세요. 내 이야기를 하고, 상대방의 이야기도 귀 기울여 들어 보세요. 함께 시장도 가고 음식점도 가 보세요. 이렇게 공감하면서 다양한 관계로 발전해 나가는 것입니다. 취미 동호회든, 마음 편한 이웃 모임이든 이런저런 모임에 들어가는 것도 좋습니다. 다양한 접점에서 인연이 생기고, 인간관계도 넓어지고 깊어질 것입니다.

요즘은 다른 사람과 적극적으로 관계를 맺지 않더라도 사회생활을 해 나가기 어렵지 않아요. 하지만 역시 사람은 혼자서는 살아갈 수 없습니다. 나를 살게끔 해 주는 것도, 성장시켜 주는 것도, 어려움에서 구해 주는 것도 사람입니다. 다른 사람을 소중히 대하는 사람은 자연스럽게 자신감도 성장합니다.

✔ 누군가와 나누는 가벼운 수다는, 자존감을 지키는 효과적인 방법입니다.

자기 세계 넓히기

# 37
# 나와 다른 타입의
# 사람과 만나기

나이 들수록 새로운 사람과
사귀는 게 힘에 부쳐요

    제 친구 중에 '감성이 풍부하고 생기가 넘친다'라고 느껴지는 사람은 대개 폭넓은 연령층과 교류하는 경우가 많더군요.

    그들은 일이나 취미, 배움이나 놀이, 자원봉사 등 다양한 활동을 통해 여러 부류의 사람과 연결되어 있습니다. 상대방이 나이가 많든 적든 상관없이 자신이 먼저 "이야, 그것참 재미있네요. 좀 더 가르쳐 주세요." 하며 흥미와 존경을 표하고 진지하게 파고듭니다.

세대를 초월해 누군가와 사이좋게 지내려면 그만한 매력과 유연성은 필수입니다. 자신의 관심사를 넓혀 가기 위한 호기심과 소통하려는 자세가 없으면 시작조차 할 수 없거든요.

제 지인 중 70대 후반의 남성 한 분은 비즈니스를 얘기하든, 놀러 가든 20대에서 40대의 젊은 사람과 다름없이 활력이 넘칩니다. 그러다 보니 젊은 사람들도 '저분처럼 멋진 사람이 되고 싶다'라며 존경을 표하며 자연스럽게 그분 주위에 모여들지요. 그가 워낙 매력 있고 감성도 풍부해서 인기 있는 것일 테지만, 그 역시 젊은 사람들이 주변에 있기에 몸가짐이 흐트러지지 않고 감수성도 더 풍부해지는 게 아닐까요? 이러한 인간관계 안에서 기쁨과 즐거움을 느끼며 자신감도 짤랑짤랑하고 쌓여 갈 테고요.

교제 범위가 넓으면 넓을수록 좋다고 말하려는 건 아닙니다. 그런데 편견 없이 마음을 열고 다양한 사람과 만나면 내가 그들에게 받아들여졌다는 사실만으로도 자신감이 생깁니다. '세대가 다른 사람과는 말이 안 통해서' '그는 나 같은 사람과 얘기하려고도 안 할걸?'이라며 마음의 벽을 쌓는 사람은 지금까지 경험했던 대화가 왠지 엇나가는 것 같았거나 심하게 부정당한 경험이 있어서 그런지도 몰라요. 나이가 들수록 과거의 영광만을 말하며 상대방을 깎아내리거나 불평불만을 늘어놓게 되면, 상대방에게 다가가지도, 다른 사람을 믿지도 못해서 점점 완고하고 고집스러워집니다.

"나이 들수록 사람을 사귀는 게 귀찮아진다." "이젠 다른 사람과 알고 지내지 않아도 상관없다."라고 말하는 사람도 있습니다. 그런데 오히려 나이를 먹을수록 '지금까지 만났던 사람과는 다른 사람을 만나 보는 것도 즐겁구나'라고 느낄 기회를 자주 만들어야 해요. 사람은 자극이 있어야만 진화합니다. 그러니 맨 처음부터 '사이좋게 지내야지'라고 생각하기보다는 '낯선 것'을 재미있게 여기고 익숙해지려는 마음을 갖는 게 중요합니다. 그러면 낯설게 느껴지던 상대방에게서 나와 비슷한 취향, 생각, 공감대를 발견하고 동질감도 경험하게 될 것입니다.

## 이질감이 싫어서 '우물 안 개구리'가 되고 있지 않나요?

'이질적인 것'이든 '동질적인 것'이든 어쨌든 서로 자극이 되는 것을 찾아내면 상대방을 쉽게 받아들이게 돼요. '어떤 조건이나 성질을 가진 사람인가'와 상관없이 '함께 있어서 즐겁다'가 되면, 그다음은 일사천리로 진행됩니다. 물론 그중에 '역시 안 맞아'라고 느끼는 상대방도 있을 테지만, 그런 경험이 있어야 사람 보는 안목을 키우고 자기 세계를 넓힐 수 있어요.

한 20년 정도 전에 있던 일입니다. 요코스카橫須賀에 있는 약국에서 잠비아 출신의 한 여성이 "사고 싶은 약이 있는데, 좀 도와주시겠어요?" 하고 말을 걸어 왔어요. 저는 간단한 도움을 준 뒤 "앞으로 혹시 도움이 필요하면 언제든 연락하세요."라며 전화번호를 적어 주었지요.

그런데 그 짧은 인연이 신기하게도 지금까지 이어지고 있어요. 한 번밖에 만난 적 없고 언어도 통하지 않지만, SNS를 통해 서로의 인생을 지켜보며 때때로 "잘 지내지?"라거나 "생일 축하해."라는 메시지도 주고받습니다. 아무런 직접적인 도움도 주지 못하는 데도 지금껏 인연이 이어지는 것은, 단지 다른 나라 사람과의 교류가 즐겁고 삶의 자극이 되어서이지 않을까요?

최근에는 "아들 녀석이 사춘기가 왔는지 아주 말을 안 들어 죽겠어." 같은 소식에서 '세상 어디에나 사춘기는 있구나' 하며 묘한 동질감을 느끼기도 했어요. 이렇게 '가늘지만 긴 인연'이 자신감을 만들어 준 덕분에 다른 외국인과 교류하는 것도 두려워하지 않게 되었습니다.

자신감이란 '익숙함'과도 같습니다. 물론 주변 사람 모두와 사이좋게 지낼 필요는 없어요. 하지만 새로운 사람과의 만남을 소중히 여기는 마음은, 자신감을 키우는 커다란 기회가 되어 줄 것입니다.

✔ 인연이 있는 사람과는 다시 이야기하고 싶어집니다. 따라서 만남도 자연히 지속됩니다.

> 적극적으로 변화하는 시기

# 38

# 편안함의 틀을 깨고
# 변화에 익숙해지자

**상황에 따라 달라지는 인간관계로 인해
허탈해져요**

정년을 맞이한 사람들이 이런 이야기를 하곤 해요.

"회사 다닐 때 맺었던 인간관계가 진짜 이 정도로 딱 끊어질 줄은 미처 몰랐어. 일 마치고 퇴근길에 부하 직원이랑 한잔한 적도 많았는데, 그게 다 일 때문에 만났던 거지 뭐야. 정말 실망스러워."

"조직 내에서 지위도 있고 힘깨나 있을 때는 그렇게들 만나자고 하더니만, 아무것도 없으니까 썰물처럼 싹 멀어지더군. 이젠 돈조차 없으면 자식도 손자도 보기 힘들지 않을까."

그들은 겉으로는 농담하듯 웃으며 말했지만, 내심 상처받고 있는지도 모르겠습니다. 회사, 지위, 돈이 매력 있는 것이지, 나란 사람 자체는 매력 하나 없는 '그저 그런 사람'이라고 생각하면서 말이죠.

하지만 '나는 아무것도 아닌 그저 그런 사람이다' 하며 살아가는 것이 가장 자부심 있는 삶의 자세가 아닐까 싶어요. 상황이 변해 가는 건 당연하고 자연스러운 일입니다. 그 흐름에 역행해서 과거에 그냥 머물러 있으려고 하니, 스트레스가 생기고 자신감도 사라지는 법이죠.

'인간관계는 변한다'라는 사실을 받아들이고 그때그때 눈앞의 삶에 집중하고 즐거운 일을 하면 자신감은 유지됩니다. 그리고 동료, 부부, 연인, 친구 등 익숙함에 안주해 더 이상 노력하지 않고 어느 한쪽이 상대방을 소홀히 여기는 사이가 되었다면 이젠 적극적으로 변화해야 할 시기가 된 것입니다.

잘 생각해 보면, 몇십 년간 계속 만남을 유지하는 사람은 그렇게 많지 않습니다. '인생에서 어떤 접점을 갖는 사람은 3만 명'이라는 유명한 말도 있습니다. 학교나 일로 가까운 관계가 되는 사람은 3,000명, 친밀한 대화가 가능한 관계가 300명, 친구라고 부를 수 있는 관계가 30명, 내 영혼 같은 진정한 친구라고 부를 수 있는 관계는 3명이라 했던가요? 누가 이런 말을 했는지 확실하지는 않지만, 꽤 절묘하게 맞아떨어지는 숫자가 아닐까 합니다.

"모처럼의 인연을 소중히 대해야 한다."라는 말이 있지만, 대부분의 사람은 잠깐 만나고 스쳐 지나가는 관계입니다. 관계가 멀어지는 건 자신에게 매력이 없어서가 아니라, 각자 맡았던 역할이 끝났기 때문입니다.

## 지금의 환경, 인간관계에서 편안함을 느끼나요?

저는 직업이든 사는 곳이든 눈이 돌아갈 만큼 자주 바꿔 왔어요. '지내는 데 편안하고 좋은 장소라면 더욱 떠나야 한다'라는 소신이 있었기 때문입니다. 그러한 소신을 따르지 않았으면 '나'라는 틀을 깨고 그다음 무대로 나아갈 수 없었을 것입니다.

친하게 지냈던 사람들과 헤어지는 것은 당연히 슬픈 일이죠. 너무 괴로워서 마음이 찢어지는 것 같았던 적도 있었습니다. 그러나 따뜻했던 환경도 계속 머물러 있으면 미적지근한 물처럼 되어서 점점 불쾌해지잖아요. 바로 그때가 나의 목적을 위해서

'이 장소에 계속 있으면 안 돼' 하며 움직여야 할 시기입니다.

'내 주변에 있는 다섯 사람을 평균 내면 내가 된다'라는 '5인 평균의 법칙'이란 것이 있습니다. 사람은 수입, 학력, 가치관, 일, 취미 등이 비슷한 사람과 어울리려는 경향이 있습니다. 따라서 주변에 누가 있는지를 살펴보면 그 사람의 레벨이나 취향을 알 수 있지요. 이 말이 백 퍼센트 딱 들어맞는다고 할 수는 없지만, 그렇다고 틀렸다고 할 수도 없어요. 특히 무엇을 소중하게 여기며 사는가, 즉 돈이나 권력, 사회적 지위, 자기실현, 가족의 행복, 아늑하고 편안한 생활 등 어느 방향을 바라보고 있는가에 따라 인간관계는 크게 달라지니까요.

여기서 저는 "성장과 행복을 위해 인간관계를 바꿔 나가자."라고 말하려는 게 아닙니다. "살다 보면 인간관계는 자연히 변해 간다."라고 말하고 싶은 것이죠.

한편, 환경을 바꿔도 사람은 크게 진화합니다. 환경을 바꾼다는 말은 직장이나 주거 장소에 국한한 것이 아닙니다. 무언가를 배우는 장소, 주말마다 하는 취미 동호회, 도서관, 스포츠센터 등 가는 장소를 바꾸는 것도 포함됩니다. 책이나 SNS, 동영상, 자주 이용하는 앱 등 보는 것, 접하는 것도 바꿔 보세요. 새로운 것에 도전하는 것도 환경을 바꾸는 것입니다.

인생이란, 나 홀로 여행하고 있는 것과 같습니다. '어떤 장소에 가고 싶은지' 일단은 목적지를 정하고 내 속도로 걷다 보면 필요한 사람이 절묘한 타이밍에 나타납니다. 함께 협력하기도 하고 재미있게 즐기기도 하다가 '자, 그럼 언제 또 인연이 있길!' 하며 다시 각자의 길을 갑니다. 바로 그때 멀어지는 사람을 바라보며 슬퍼하기보다 지금까지 함께 있어 준 것에 감사하며 웃으며 손을 흔들고 싶습니다.

✓ **나 홀로 여행에서는 우연한 만남도 있고 헤어짐도 있습니다.**

# 5장

## 자신을 믿고
## 멋진 인생을 만드는 법
## 8가지

 흔히 "자신감이 붙는다."라고 말합니다. 그런데 지금껏 살펴봤듯이 자신감은 '붙는 것'이 아니라 '쌓이는 것'입니다. 수동적으로 더해지는 게 아니라, 능동적으로 쌓아 가는 것이라는 말입니다.

 그러려면 일단 자신을 믿어야겠지요? 저는 앞으로 어떤 상황이 펼쳐질지 알 수 없더라도 뒤로 물러나기보다 '어떻게든 해 보자'라는 마음으로 전진해 왔습니다. 그 덕분에 '천하의 겁쟁이'였지만 마흔 넘은 나이에 대만으로 유학을 떠나고, '내각관방'의 위원이 되었으며, 100권 넘는 책을 쓴 작가가 되었지요. 낙관적으로 구상하고 비관적으로 계획한 뒤, 다시 낙관적으로 실행해 나가세요. 5장에서는 자신을 믿고 멋진 인생을 만드는 법을 알려 드릴게요.

변화를 즐기기

## 39

# 한 치 앞을 모르는 인생, 일단 한 걸음 내디뎌 보자

**인생이 뜻대로 되지 않으니, 자꾸 움츠러들어요**

저도 인생이 이렇게 될 거라고는 생각하지 못했습니다. 20년도 더 전에, 사진작가가 되고자 하는 마음 하나로 돈도 직업도 살 집도 없이 무턱대고 상경했어요. 이 집 저 집 전전하며 짐을 쌌다 풀었다 했고, 온갖 아르바이트를 해 가며 취재를 위해 여행하던 중에 정말 우연히도 '일하는 사람을 응원하는 책'을 쓰게 되었습니다.

예상 밖의 전개는 이후로도 계속됐어요. 대만의 대학원으로 유학을 갔고, 대학에서 강의를 했으며 '내각관방內閣官房(한국의 대통령 비서실 같은 역할)'의 위원으로 뽑혔고, 전국 각지에서 강연도 했습니다. 그리고 번역서까지 포함해 100권 넘는 책도 썼지요. 20년 전에는 전혀 상상도 못 했던 깜짝 놀랄 만한 일이 하나씩 하나씩 현실로 이루어진 것입니다.

'하, 진짜로 이런 일이 벌어지다니' 하며 너무너무 신기해했습니다. 전부 흘러가는 대로 내맡긴 것 같지만, 곰곰이 생각해 보면 내 글을 좋아하는 사람들을 위해 글을 쓰는 지금의 현실은, 내가 어렸을 때부터 원하던 바로 그것이었습니다.
"다양한 것에 도전해서 그런가요, 작가님은 참 용기가 있으세요."라는 말을 자주 듣습니다. 하지만 천만에요. 저는 원래 겁쟁이라서 자신감이라고는 전혀 없었어요. 그래도 '자신 없긴 하지만 한번 해 볼까?'라며 했던 일들 하나하나가 자신감 저축으로 차곡차곡 쌓였고, 마침내 진짜로 원하던 것을 할 수 있는 위치로 끌어 주었다고 확신합니다.

저는 '모든 것을 통제할 수는 없다'라는 사실을 잊지 않았어요. 머릿속으로 생각했던 것을 행동으로 옮기다 보면, 생각지도 못했던 전개가 펼쳐졌어요. 예상보다 훨씬 잘 되기도 하고, 문제에 부딪히기도 했지요. 그때마다 방향성과 방식을 미세하게 조정하기도 했고, 미래를 위해 당장은 포기하기도 했습니다. 그뿐 아니라 다른 사람의 도움이 필요하기도 했고, 교훈도 얻었으며, 생각지 못한 아이디어가 떠오르고, 내가 가진 새로운 면을 발견하기도 했습니다. 이 모두가 마치 '화학 변화'처럼 결과를 예측할 수 없던 일들이었습니다.

다시 말해, 그리 자신감 있는 상태가 아니었기에 '내 뜻대로 될 거야'라고 생각하기보다는, '예측할 수 없는 상황'을 각오하고 그런 상황에 대처하는 안목을 기를 수 있었습니다.

진정한 자신감은 '내 생각대로 원하는 것을 이룰 것'이라고 자신하는 게 아니라, '뜻대로는 되지 않더라도, 어떻게든 잘 될 거야'라는 '근거 없는 자신감'입니다. 바로 이 '근거 없는 자신감' 덕분에 '나'만의 세계에서 벗어나 예측할 수 없는 타인이나 현실 세계와 타협하며 자신감도 자라는 것이지요.

## 자신감 없다고요?
## 지금, 할 수 있는 것을 하세요

저는 오랫동안 사람들로부터 존경받는 훌륭한 사람들을 취재해 왔습니다. 그런데 그들의 사고방식을 살펴보니 '생각하고 나서 움직이는 타입'이 아니라 '움직이면서 생각하는 타입'이더군요. 이 사람들은 "아, 그렇지! 그거라면 ○○ 씨를 소개할게요."라며 사람과 사람을 이어 주고, 이들이 일으키는 '화학 변화'를 즐겁게 지켜봅니다. 잘 되면 행운이고 그렇지 않더라도 인연을 맺어 주었으니 그걸로 됐다고 여기는 것 같았습니다. 일할 때도 "소비자 욕구가 바뀌었으니 다른 걸 합시다."라거나 "지금 이 기회를 잡아야죠."라고 하고, "아플 때는 조급해하지 말고 일단 푹 쉬려고요." 하며 그때 그 순간의 흐름에 유연하게 대처해 나갔습니다. '행동했기에 일어난 변화'를 흥미롭고 긍정적인 것으로 받아들였기에 '지금 할 수 있는 것을 한다'라는 신념을 가질 수 있었을 것입니다.

한편, 머리만 이리저리 굴리고 행동은 전혀 하지 않는 사람도 있어요. 그런데 움직이지 않고서는 현실을 겪어 볼 기회, 자신의 껍데기를 깨부수고 나올 기회, 자신감을 키울 기회를 얻을 수 없습니다. 행동의 결과로써 얻을 수 있는 기쁨과 감동도 경험해 볼 수 없으니 불안감만 커질 것입니다.

그러니 간단히 '지금 할 수 있는 것'부터 시작하죠. '지금, 눈앞에 있는 사람에게 말 걸어 보기' '할 일을 딱 10분간 해 보기' '조금이라도 새로운 체험해 보기' '작게 도전해 보기' '소소한 친절 베풀기'처럼 말입니다. 특히 조금은 용기가 필요한 상황이 자신감을 기르는 데 매우 중요한 역할을 합니다. 이처럼 '할 수 있는 일'을 하다 보면 머지않아 '하고 싶은 일'이 생길 거예요.

'인생은 한 치 앞을 모르기 때문에, 재미있는 거야!'라고 생각할 수 있다면, 그야말로 '만만세'입니다. 자신의 인생이 어떻게 펼쳐질지 기대하고, 그리될 거라 굳게 믿어 보세요.

✓ '지금, 할 수 있는 것'을 해서, 뜻밖의 결과를 즐기세요.

해내고 싶을 때

# 40
# 자신 없고 두렵다면, 잘 되는 방법을 배우자

**패기가 없어서 늘 실수할까 봐 두려워요**

앞에서 제가 자신 없어도 '어쨌든 해 보자'라며 움직여 왔다고 말했지요? 그렇다고 '호랑이 무서운 줄 모르는 하룻강아지'는 결코 아니었습니다. 오히려 겁쟁이인 데다 소심하고 늘 걱정을 달고 사는 '걱정형 인간'이라서, 잘 되는 방법을 배워 왔기 때문이라고 할까요. 예를 들면, 다른 사람에게 말을 걸려면 용기가 필요합니다. 거절당할까 봐 겁이 나니까 내가 말을 걸기 쉬운 방법, 상대가 가볍게 응해 줄 만한 방법을 찾았습니다. 강연할 때도 용기가 필요했죠. 혹시라도 실수할까 봐 두려웠고, 청

중에게 실망을 줄까 봐 걱정스러웠습니다. 언제나 최악의 상황을 상상하면서 '어떻게 해야 그렇게 되지 않을까'를 생각했어요. 그래서 강의 원고를 완벽하게 썼고, 마음이 놓일 때까지 몇 번씩 반복해서 읽으며 흐름을 외우는 연습을 했습니다.

그러던 어느 강연 당일, 원고를 잃어버리고 말았어요. 당황스러웠지만, 그 순간 나를 다독였어요.
'내용은 다 머릿속에 들어 있어, 그만큼 연습했으니까 당연하지, 게다가 강연 경험도 제법 있으니까 원고 없이도 말할 수 있을 거야, 그래, 자신감을 갖자!'
그래서였을까요? 원고 없이도 평소보다 훨씬 몰입감 있는 강연을 할 수 있었습니다. 몇백, 몇천 번 경험을 쌓아 남들 앞에서 하는 발표가 익숙한 사람은 아무런 두려움도 없겠지만, 걱정덩어리인 저는 할 수 있는 준비란 준비를 다 하지 않으면 마음이 놓이지 않는 편이었어요. 나를 과신하지 않기 때문에 어쩌면 자신을 신뢰할 수 있는 수준까지 끌어올리려 했던 게 아닐까 싶습니다.

제게는 이렇게 신중한 면이 있는 반면, 대담한 구석도 있습니다. 예를 들어, '한 번도 가 본 적 없는 나라에서 한 달 살이를 해 보자' 같은 대담한 도전을 떠올리고 콧노래를 부르기도 합니다. 물론 '도둑맞으면?' '현금을 인출할 수 없게 되면?' '병에 걸리면?' 같은 위험 상황에 대한 대응책까지 포함해 대략적인 계획을 세우지만, 일단 가기만 하면 그다음은 그곳 흐름에 되는대로 맡기는 편입니다. 현지에서 우연히 만난 사람과 의기투합해서 생각지도 못한 일에 뛰어드는가 하면, 문득 호기심이 발동해 다른 나라로 간 적도 있습니다. 이런 행동들은 걱정과 불안에 다리가 후들거리면서도 어느 정도 쌓아 온 경험에서 우러나온 대담함의 결과로, '어떻게 되겠지'라고 생각했기 때문입니다.

## 대담하고 신중한 '겁쟁이의 전략'

"낙관적으로 구상하고, 비관적으로 계획하고, 다시 낙관적으로 실행한다."

이것은 자신을 '겁쟁이'라고 부른 이나모리 가즈오 稲盛和夫 교세라 京セラ 창업자가 한 말인데요. 신중함과 대담함을 탁월하게 표현하고 있습니다. 이미지화할 때도, 실행할 때도 긍정적인 면이 필요하지만, 그것이 잘 이루어지도록 계획을 세울 때는 실제 무슨 일이 일어날지 전혀 알 수 없기에 부정적인 경우도 가정하고 예측해서 냉정하게 판단할 필요가 있다는 뜻입니다. 이나모

리 전 회장은 직원을 뽑을 때도 '소심하고 겁많은 사람이 좋다'고 여겼을 정도라고 하네요.

진정한 용기라는 것은 거친 사람, '호걸'이라 불리는 사람이 가지고 있는 그런 용기가 아닙니다. 자신의 신념에 따라 행동하면서도 절도 있으며 두려움을 아는 사람, 즉 겁낼 줄도 아는 사람이 경험을 쌓아 가며 얻게 된 용기를 뜻합니다. 확실히, 세상 무서운 것 없다는 듯이 무조건 돌진하는 사람이나 승리를 호언장담하는 사람은 겉보기엔 용기 있어 보이지만 진짜로 그럴 힘이 있는지는 알 수 없어요. 그렇지만 '경험'은 거짓말을 하지 않습니다. 경험에서 나온 자신감은 진짜예요.. 그렇기에 어쨌든 행동하고 움직여서 자신감을 짤랑짤랑하고 쌓아 나가세요.

'이건 정말로 끝까지 해내고 싶다'라고 생각하는 게 있다면 구상은 대담하게, 계획은 섬세하게, 해야 할 때는 주저하지 말고 과감하게 하는 것이 '겁쟁이의 전략'입니다. 그렇다고 맨 처음 세운 계획대로 진행해 나가기만 하면 '만사 오케이'라는 말은 아니에요. 당연히 예상외의 일이 벌어질 수도 있으므로 진행하는 도중에 문제가 발생하면 '그럼 이제부턴 어떻게 할까?'라고 계획을 유연하게 변경해 나가는 것이죠. 다시 진행할 방법은 얼마든지 있으니까요.

  불안과 두려움이라는 감정에 사로잡히지 않는 유일한 방법은 그 감정을 '그렇다면, 어떻게 해야 할까?' 하며 실행할 수 있는 대책으로 전환해 전진해 나가는 것입니다. 두려워하지 않도록 하는 게 아니라, 제대로 두려워하는 게 자신감을 키우는 방법입니다.

✔ 어떤 일에서든, 대담함과 신중함 둘 다 가져야 합니다.

> 지금, 내가 원하는 것

## 41
# 이미지를 그리면, 실현할 힘도 생긴다

**꿈은 실현 불가능하기에 '꿈' 아닐까요?**

'구체적으로 이미지화할 수 있는 꿈은 실현 가능성이 있다'라고 생각합니다. 어린아이는 공상과 현실의 세계가 섞여서 애니메이션에 등장하는 캐릭터도 될 수 있다고 믿습니다. 하지만 어른이 되면 현실을 어느 정도는 자각하고 자신이 할 수 있는 것과 못하는 것을 잘 알고 있어서, 마음속으로 비현실적이라고 여기면 이루려고 애쓰지 않아요. 즉, '어떻게 해서든지 이것만큼은 이루고 싶다'라며 상상만 해도 신이 나고 가슴 두근거려야 실현 가능한 꿈입니다.

제가 인생을 살면서 가장 터무니없는 꿈에 도전하고, 결국 그게 이루어지는 걸 실감한 것은 작가로 데뷔한 책을 썼을 때입니다. 드디어 책을 쓸 기회를 잡았을 때 저는 왠지 모르게 이런 생각을 했어요.

'데뷔작을 꼭 베스트셀러로 만들고 싶어, 그러지 못하면 두 번째 의뢰는 없을지도 모르고, 그러면 계속 책을 쓰기는 힘들 거야.'

그야말로 인생에서 가장 큰 도전이었지요. 편집자도 "베스트셀러요? 저도 꽤 오랫동안 일해 왔지만 한 번도 경험하지 못했는데, 에이, 안 될걸요?"라고 단언하는, 당시엔 내 주제도 모르는 꿈이었어요.

하지만 가능성이 전혀 없는 것은 아니었어요. 나는 '그렇게 된다'라고 믿기로 했어요. 나를 포기하지 않도록 지탱해 준 것은 '사는 괴로움, 일하는 괴로움을 느끼는 모든 사람을 응원하는 응원단이 되고 싶다, 그 괴로움을 실제로 느끼고 경험한 나만이 쓸 수 있는 어떤 것이 반드시 있을 것이다'라는 신념이었고 이에 따라 구체적인 이미지를 그렸습니다.

그 당시 제가 '자나 깨나'라고 표현할 만큼 반복해서 떠올렸던 것은 요코하마역 지하상가에 있는 한 서점의 베스트셀러 코너의 모습이었습니다. 내 책이 거기에 겉표지가 잘 보이게 놓여 있고, 한 여성이 퇴근길에 피곤한 몸으로 걸어가다가 내 책을 집어 들고는 이내 푹 빠져들어 읽고 있는 모습을 마치 영화의 한 장면처럼 선명하게 떠올렸어요. 나의 모든 생활, 모든 행동은 그 한 장면을 향해서 움직이기 시작했고 반년 후, 그 광경은 현실이 되었습니다. 너무나 감동한 나머지 실제로 베스트셀러 코너 앞에 서서 책을 읽고 있던 여성에게 "고마워요." 하고 말을 걸고 싶어질 정도였지요.

아마도 제가 '일생에 한 권 정도 책을 쓴다면 행복할 거야'라거나 '한 번 정도 증쇄되면 그걸로 충분하지, 뭐'라며 적당하게 타협하는 꿈을 꿨다면, 집필을 향한 열정도 생각하는 방식도 글을 쓰는 것도 생활 스타일마저도 지금과는 확연히 달라졌을 것입니다.

그리고 데뷔작을 쓰는 동안에는 '거대한 꿈에 도전하는 한, 다른 것은 포기할 수밖에 없어'라고 생각해서 잠자고 식사하는 것 외의 시간을 거의 글쓰기로 채웠어요. '이 꿈을 이룰 수 있다면, 다른 건 다 필요 없어'라며 진심으로 몰두했기에, 제 노력만이 아니라 운 같은 것이 내 편이 되어 주었다고 생각해요.

## '원하는 것'을 명확히 하면, 무의식은 전력을 다해 응원합니다

어른이 되면 '이제 와서 꿈은 무슨…'이라며 눈앞에 있는 일을 해치우는 데 급급해하며 살기 쉽습니다. 하지만 어른이기에 오히려 '나는 무엇을 원하는가?' '어떤 사람이 되고 싶은가?'를 확실히 알아야 해요. 왜냐하면 이것이 자신의 무의식에 있는 내 비게이션에 목적지를 입력하는 것과 같기 때문입니다. 무엇을 보고 무엇을 선택하는가에 따라 종착지가 완전히 달라집니다.

꿈이 반드시 커야만 하는 것은 아니에요. '이대로 잔잔하게 살고 싶다' '하루하루를 즐겁게 살 수 있으면 그걸로 만족해'라는 생각도 훌륭한 '꿈'입니다. 반복해서 말하지만, 중요한 점은 '지금 나는 무엇을 원하는가?'를 알고 그것이 나에게 얼마나 중요한지 그 가치를 깨닫는 데 관심을 두자는 말입니다.

그래서 때때로 '진짜로 너는 어떻게 하고 싶은데?'라며 가슴에 손을 얹고 자신에게 물어보면 좋겠어요. 잠들기 전에 물어보면 아침에 일어났을 때 문득 '아, 그렇구나! ~을 하자'라는 대답이 나오기도 할 거예요. 푹 빠져서 정열의 불꽃을 태울 수 있는 것, 행동으로 옮기고 싶어지는 것, 다른 누군가가 기뻐할 만한 것이라면, 모든 것을 걸고 뛰어들 만한 가치가 있지 않을까요? 인생은 의외로 단순합니다. '내가 과연 무엇을 원하는가'에 대한 해답은 이미 자신 안에 있고, 그것을 이룰 힘도 자신 안에 내재해 있습니다.

✓ 열정이 전부입니다. 열정이 없다면, 그 일은 하지 않는 게 좋습니다.

> **목적을 이미지화하기**

# 42

# 도전하는 모습만큼
# 매력적인 것도 없다

**열중해서 할 만한 일이 없는데 어떻게 하죠?**

꿈을 가져야 하는 이유는 성공하기 위해서가 아니라 열중하기 위해서입니다. 그 과정에서 내딛는 작은 한 걸음, 작은 성취감이 큰 의미를 갖게 되면서 충만감, 만족감, 행복감을 느끼게 하기 때문입니다. 이미지로 그리는 것이 얼마나 중요한지에 대해 조금 더 이야기하죠.

앞에서 말했듯이 '이것을 원한다' '이것을 실현하고 싶다'라고 마음먹으면, 무의식의 내비게이션이 중요한 정보를 콕콕 집어 모아 줍니다. 예를 들어 '트렌치코트를 갖고 싶다'라고 생각하면, 거리에 온통 트렌치코트를 입고 있는 사람들이 넘쳐납니다. 실제로 트렌치코트가 유행하는 것도 아닌데 자꾸 눈이 가는 것이죠. 또 '친구 생일날에 직접 케이크를 만들어 갈까?'라고 생각하면, 집 근처에 있었지만 있는 줄도 몰랐던 베이커리 용품 판매점이 눈에 들어옵니다. 병원 대기실에서 기다리며 펼쳐 든 요리 잡지에서 직접 만들 수 있을 것 같은 케이크 레시피를 발견하거나, 쿠키를 잘 만드는 동료에게 이참에 가르침을 받거나 해서 어떻게든 케이크를 만들어 가죠.

즉, 목적을 명확히 설정하면 '노력하자' '열심히 하자'라고 다짐하지 않아도, 내 안의 내비게이션이 필요한 정보나 도움을 줄 사람을 포착해서 목적했던 골인 지점까지 이끌고 가는 것입니다. 하지만 아무리 최신의 우수한 내비게이션이라도, 목적지를 정하지 않으면 도움이 되지 않아요. 뇌의 시스템은 의식이 향하고 있는 방향으로 나아가도록 설계되어 있기 때문입니다.

### 열중하는 것만큼 매력적인 모습도 없어요

이미지는 그 사람이 가고자 하는 길을 열어 줍니다. 안개 속에서 길을 잃어도 좌절할 것만 같아도, '어떻게 하든 이건 정말로 이루고 싶다'라는 이미지를 가슴속에 품고 있기만 하면, 어디로 가야 할지를 알려 줍니다.

　제가 대만의 대학원으로 유학을 가야겠다고 생각한 것은 마흔이 넘어서였어요. '왜 일본 사회가 살기 힘든 곳이 되었는지, 왜 일하기 힘든 사회가 되었는지 밖에서 배우고 싶다'라는 마음도 있었지요. 하지만 그보다 먼저 눈앞에 떠오른 이미지는 강의를 마치고 돌아가는 길에 학우들과 와글와글 얘기를 나누면서 '샤오롱바오'를 먹는 모습이었어요. 단순하게 '다른 나라에서 학창 생활을 즐겨보고 싶다'라는 바람이 강했던 거죠.

　그래서 유학 생활을 시작했으나, 공교롭게도 집필 의뢰가 연달아 들어와서 한 달 만에 단념했습니다. 하지만 미련이 남아서 몇 년 후에 대만의 다른 지역에 있는 대학원에 입학했어요. 끈질기리만큼 '그래, 학우들과 샤오롱바오를 먹는 거야'라고 계속 생각했더니, 절호의 타이밍에 매우 좋은 교수님을 만나 최적인 환경에서 배울 수 있었던 것입니다. 그리고 결국에는 세미나를 마치고 돌아가는 길에 학우들과 샤오롱바오로 유명한 가게에 들러 와글와글 수다를 떠는 삶이 실현됐지요.

　"꿈은 기한을 정하는 편이 이루기 쉽다."라고 말하는 사람도 있지만, 솔직히 기한은 통제하기 어려워요. 단지 '언젠가 그렇게 되는 거다'라고 이미지화해 착실하게 추구해 나가 보세요. 그러면 때때로 안개 속을 걷고 있는 것 같을지라도 갑자기 길이 활짝 열리면서 딱 맞는 타이밍에 절묘한 아이디어가 생기거나 다양한 지원의 손길이 다가옵니다.

이처럼 내가 원하는 목적을 갖고 열중해서 나아가는 것이, 곧 자신감을 쌓는 것이고 자기 자신을 믿는 것입니다. 무언가에 푹 빠져서 열중하고 있는 상태는 사람을 지금보다 더 생기 넘치게 만들고 매력적으로 빛나게 합니다.

꿈을 이루는 데에 몰두하면 무기력할 틈이 없어요. 오히려 목표도 없고 열중하지도 못할 때 가장 무기력해지기 쉽지요. 80대, 90대가 되어도 활기찬 사람들은 무엇이든 보람 있는 것을 찾아내고 거기에 열중하며 일상을 살기 때문입니다. 어린아이도 마찬가지입니다. 자신의 한계를 넘어서려고 무언가에 집중하고 도전하는 모습은 정말로 아름답고, 그것이 인생을 살아가는 데 있어 두둑한 배짱이 되어 줍니다.

때로는 내달리고 있던 발을 멈추고 '내가 원래 무엇을 하고 싶었는지' '어디로 가고 싶었는지' 떠올려 보세요.

✔ **어른은 살아가기 위해 꿈을 꿉니다.**

집중하는 요령

## 43
# 지금, 여기에 집중하는 감각을 기르자

**무언가에 집중하지 못할 때 자신감이 떨어져요**

누구나 "시간이 가는 줄도 모른 채"라고 말할 만큼 진심으로 어떤 일에 몰두한 경험이 있을 것입니다. 그처럼 '지금 여기에 집중'하고 있을 때는 마음이 '무無인 상태'가 되기 때문에, 쓸데없는 잡념이 사라집니다. 게다가 생산성까지 훨씬 좋아지므로 자기 능력을 최대한으로 발휘할 수 있습니다.

'오늘 정말 잘했어' '집중이 잘 돼서 진도를 꽤 나갈 수 있었어' '마음껏 놀아서 정말 즐거웠어!'라고 여길 만큼 만족도가 높아지고, 자신에 대해 긍정적으로 느끼게 되어 자신감 저축의

'Feel(느끼다) 저축'이 짤랑짤랑 쌓이죠.

즉, 집중할 수 있을 때가 자신감이 쑥쑥 성장하는 때라는 뜻입니다. 또, 집중하면 당연히 성과를 내기도 쉬워서 'Do(하다) 저축'도 착착 쌓이지요. 그런데 솔직히 말해, 성과는 크게 중요하지 않아요. '지금, 여기에 집중할 수 있다'라는 감각만으로도 훌륭한 '성공 경험'이 되기 때문입니다.

반대로, 미래에 대한 불안과 과거에 대한 후회, 상대방에 대한 짜증 같은 잡념이 떠올라 '마음이 다른 곳에 가 있는' 상태에서는 당연한 말이지만 집중하기 어려워요. '주의가 산만해서 집중할 수 없었다' '중간에 딴짓도 하고 해서, 일이 진행되지 않았다' 등 자신에 대해 부정적인 생각을 하게 되어, 더욱 자신감이 떨어지고 집중할 수 없게 되는 악순환이 반복됩니다.

### 일도, 시간도, 목표도 쪼개어 나누세요

그렇다면 어떻게 해야 '지금, 여기에 집중'할 수 있을까요?

그것은 바로 '커다란 목표'도 갖고, 될 수 있으면 '작은 목표'도 갖는 것입니다. 둘 다 필요한 이유는, 진행 방향은 커다란 목적을 향해서 나아가더라도 순간순간은 작은 일밖에 할 수 없기 때문입니다. 추천하는 방법은 '25분 동안은 ~을 한다'처럼 시간을 나누어 진행하는 거예요.

▶ '지금, 여기에 집중하는' 3가지 요령
  1. '오늘, 우선 해야 할 것'을 3가지 정한다.
  2. 짧게 시간을 쪼개어 집중한다.
  3. 집중할 수 있는 환경과, 긴장을 풀 수 있는 시간을 만든다.

집중할 수 없는 가장 큰 원인은 일의 우선순위를 모르기 때문입니다. 업무를 할 때도 먼저 처리해야 할 게 뭔지 모르면 메일이 오는 족족 답장을 보내느라, 급히 부탁받은 것을 처리하느라 바빠서 퇴근 무렵이 되어서야 '정작 내 일은 손도 못 댔구나'라고 현실을 자각하고 기운이 훅 빠집니다.

이렇게 되지 않기 위해서 '오늘 반드시 할 것'이나 '오전 중에 끝내야 할 것' 등 우선으로 해야 할 것을 3가지로 압축하세요. 그리고 '지금부터 25분 동안 이 일에만 집중한다'라고 마음먹고, 시간을 쪼개어 그것만 하는 겁니다. 25분 집중하고 5분 휴식할 수 있도록 '포모도로 Pomodoro 타이머 앱'을 이용하거나 '키친 타이머'를 써도 됩니다.

처음에는 집중할라치면 '아, 맞다, 부탁받은 일을 잊고 있었다'라거나 '집에 갈 때 양파 꼭 사야 해' 등 잡념이 생길 수 있어요. 그럴 때는 메모지에 적어서 그 생각을 머릿속에서 끄집어낸 뒤 다시 하던 일로 돌아가 집중하세요.

이 방법은 자신의 생각과 마음을 '지금'으로 향하게 하는 불교식 명상법인 '마음 챙김'과 비슷합니다. '좋다, 나쁘다' '좋아한다, 싫어한다' 등 선과 악으로 평가하지 않고 단지 눈앞에 있는 것에 집중해서 지금 여기서 일어나고 있는 일들을 느끼는 것입니다. 업무, 집안일, 잡무 같은 것도 '하고 싶은가, 아닌가' '좋아하는가, 아닌가'로 판단하지 말고 그저 담담하게 하는 게 두 번째 방법의 포인트입니다.

큰 목적을 이루려면 귀찮은 일도 있기 마련입니다. 그걸 피하려고만 하면 정말로 가고 싶은 목적지에 도달할 수 없겠지요?

일이 괴로울 때야말로 감정을 의식하지 말고 3S 즉, '한 가지의 일을 한다 Single' '시간을 짧게 나눈다 Short' '작은 목표로 나눈다 Small'로 접근해서 합리적이고 냉정하게 지금 이 순간에 집중하세요. 그리고 하나를 끝낼 때마다 "오케이, 종료!"하며 성취감을 만끽하세요.

마지막으로, 집중할 수 있는 환경과 긴장을 풀 수 있는 시간 설정은 필수입니다. '집중'은 생각 이상으로 엄청난 에너지를 소비하므로 '25분 집중하면 5분 쉬기' '점심시간에 잠깐 낮잠 자기' '주말 중의 하루는 스케줄 완전히 비워 두기' 등 몸과 마음의 긴장을 풀어 줄 시간을 꼭 만들기 바랍니다.

'오늘 하루 수고했어' 하면서 매일매일 작은 자신감을 차곡차곡 쌓아 가세요.

✓ 한 가지 일, 짧은 시간, 작은 목표로 나눌수록 '지금'에 집중할 수 있습니다.

> 삶의 주행 엔진

## 44
# 그래도 야망이 있는 편이 인생은 재미있다

### '야망'이라니, 무모하고 어리석어 보여요

'지금, 할 수 있는 것'을 하다 보면 '하고 싶은 일'이 보인다고 지금까지 말해 왔습니다. 그런데 여러분에게 어느 날 '야망'이라는, 어쩌면 무모하게도 여겨지는 커다란 욕망이 싹튼다면, 그 마음을 정말로 소중하게 키워 갔으면 좋겠습니다. 단언컨대 야망이 있어야, 인생이 신나고 재미있으니까요.

저는 세계를 여행하면서 깜짝 놀랄 만한 야망을 갖고 그것을 이루어 온 사람들을 만났습니다. 처음에는 주위의 비웃음을 살 만한 야망이라 할지라도, 목표를 향해 당당히 나아가다 보면 점차 응원과 격려를 받게 됩니다. 그리고 멀게만 보이던 야망이 어느새 현실이 되고 말죠.

예컨대 친구 부부는 네 명의 자녀를 키우기 위한 이상적인 환경을 찾아서 일본의 시골 마을로 들어가기도 하고, 남태평양의 사모아제도와 미국으로 이주하기도 했어요. 그 아이들이 이제 성인이 되어 세계적 브랜드의 디자이너, 음악가, 화가, 경제 애널리스트로 활동하며 저마다 재능을 발휘하고 있습니다.

아이들의 아버지가 항상 했던 말은 "자신의 틀을 만들지 마라." "나는 이 정도의 능력이 있으니까 이 정도의 것만 할 수 있다며 스스로 작아지지 마라." "놀라 자빠질 만큼 큰 야망이라도, 이루고 나면 정말 최고라고 여겨질 거라는 확신이 들면 망설임 없이 나아가라." "능력은 나중에 따라온다."라는 것이었어요.

즉, 내 능력 범위 안에 있는 현실적 목표보다는, 무모한 비전이 능력을 끌어올려 준다는 사실을 가르친 것이지요. 매일 하는 지루한 작업이고 배움일지라도 "언젠가 이루고 나면, 최고가 될 거야!"라는 원대한 꿈이 있으면, 앞으로 나아갈 '엔진'이 되어 준다는 것입니다.

### '하고 싶다'라는 야망은 힘이 세요

저는 항상 내 분수에 맞지 않는 큰 야망을 품고 가슴 설레하는 버릇이 있습니다. 최근에는 취미 삼아 가볍게 탁구 연습을 하다가 '이러다 마스터스 같은 큰 대회에 나가게 되는 거 아냐? 세계적인 무대에서 시합할 수 있다면 얼마나 멋질까!'라고 생각했고, 그로부터 1년 후에 대만에서 열린 세계 대회에 실제로 참가했어요.

탁구는 어렸을 때 종종 치며 놀았을 뿐 학창 시절 동아리 활동조차 해 본 적이 없어서, 시합 규칙도 제대로 몰랐습니다. 실력으로만 따진다면야 '동네 탁구 클럽에 들어간다' '정식 시합에 처음으로 출전한다' 같은 목표가 당연했을 것입니다. 하지만 세계 대회 쪽으로 목표를 잡자, 훨씬 더 할 맛이 나더군요. 어쨌든 세계 대회에 나가기로 마음먹은 이상, 한 세트쯤은 이길 능력을 갖추고 싶었습니다. 욕망에 솔직해지면 자연스럽게 그쪽으로 일이 벌어진다더니, 그 말이 사실이었습니다.

그러면서 새록새록 깨달았습니다. '세계 대회에 참가하는 것도 확실히 즐거울 테지만, 사람들과 웃으며 이런저런 상상의 나래도 펴고 어설프지만 열심히 연습하면서 조금씩 실력이 느는 것같이 느끼는 순간순간이 참 즐겁고 행복하구나' 하고 말이죠. 만일 어떤 예측할 수 없는 일 때문에 세계 대회에는 참가하지 못할지라도 1년 동안 한 만큼 성장했을 테니, 어쩌면 그와 급이 비슷한 대회에 나갔을지도 모르고요.

해외에 있는 친구 중에는 무척 높은 이상을 품고 있는 사람도 있습니다. '살아 있는 동안에 일본의 교육을 조금이라도 바꾸고 싶다'라며 그와 관련된 활동을 하는 사람, 종이학을 통해 고향인 히로시마의 원폭 참상을 전하며 평화 활동을 하는 사람, 세계를 무대로 불교 음악을 연주하며 널리 알리고 있는 사람 등이죠.

그녀들은 지금 각자 살고 있는 나라에서 세계에 공헌하는 활동을 계속하고 있습니다. 그렇게 맺은 결실이 사회 구성원들의 마음에 뿌리를 내려 애정 어린 관심을 이끌어 내기도 합니다. 그래서일까요? 그들의 말투와 이야기하는 내용, 표정 하나하나가 경건한 인상을 주기도 합니다.

그중 한 친구가 이런 말을 한 적이 있습니다.

"다음 세대에게 조금이라도 나은 사회를 남기고 싶지 않아?"

우와! 진짜 멋지지 않나요?

시대를 초월하는 원대한 야망이야말로 인간을 강하고 부드럽게 만들어 줍니다.

✓ **건전한 야망을 품은 사람을 보면 덩달아 가슴이 벅차올라 온 마음으로 응원하고 싶어집니다.**

잘하고 있어

## 45
# 나만의 미학을 가지고 행동한다

**변명이라도 해서 자신감을 지켜야 할까요**

자신감을 쌓기 위해서는 목표를 달성하거나 습관을 지속하는 것도 중요하지만, 무엇보다 '나만의 미학'을 가져야 합니다.

미학이란 아름다움에 관한 독특한 사고방식으로, '이런 사람이고 싶다' '이런 건 절대로 하고 싶지 않다'처럼 이상적인 마음가짐이나, 삶의 방식을 뜻하기도 합니다. 예컨대 '누구를 만나도 눈높이를 맞추어 평등하게 대한다' '욕이나 비난은 하지 않는다' 등 중요시하는 독자적인 윤리관이나 원칙도 미학에 속해요. 이렇듯 나만의 미학을 중심에 두고 굳게 지키는 사람은 쉽게 흔들리지 않기 때문에 믿을 수 있습니다.

　예전에 제가 회사원이었을 때 일입니다. "시간이 부족해서 못 했습니다." "버스가 늦게 와서 지각했습니다."라며 변명만 해대던 저와는 대조적으로 절대로 변명하지 않던 동료가 있었습니다. 그는 어려운 일도 "못 할 것 같다."라고 단정 짓지 않고, 방법을 궁리해서 어떻게든 해내곤 했습니다. 사과할 때도 "정말 죄송합니다."라고 할 뿐 핑계를 대지 않았습니다. 그런데 제가 조용히 다가가 "변명도 하지 않다니, 진짜 어른이네."라고 위로 겸 칭찬을 하자 이렇게 말하는 게 아니겠어요?

　*"솔직히 말해서, 변명하는 게 오히려 더 흉하지 않아?"*

　순간, 수긍이 가는 동시에 '이런 미학이 사람을 강하게 만드는구나' 하고 느꼈습니다. 그때부터 저도 '변명하지 않기'를 나만의 미학으로 삼았는데, 그것만으로도 기분이 좋아지더군요.
　무언가를 탓하기보다 스스로 책임을 떠안자, 감당할 만한 문제가 되고 '내가 어떻게 하는가에 달렸다'라는 생각도 하게 되었습니다.

## '미학'이란 나를 좋아하게 만드는 사고방식과 행동이에요

사람마다 다양한 자신만의 미학이 있을 것입니다.
'언제나 구두를 깨끗하게 닦아 둔다' '다른 사람에게도 자신에게도 거짓말을 하지 않는다' '감사를 제대로 표현한다' '욕이나 유행어를 입에 담지 않는다' '연배가 있는 사람과 임산부에게는 지하철에서 자리를 양보한다' '짜증 섞인 말을 내뱉지 않는다' '가게 점원에게도 예의 있게 말한다' '언제나 화장실을 깨끗이 청소해 둔다' '다른 사람과 나를 비교하지 않는다' '다른 사람의 행복을 기뻐한다.'

미학이 담긴 사고방식과 행동은 참 아름답고 멋질 것입니다. '맞나, 틀리나' '손해인가, 이득인가' '남들이 인정해 주는가'를 따지는 게 아니라, 그저 이렇게 함으로써 나 자신을 좋아할 수 있게 되기 때문입니다. 예컨대, 화가 나는 상황에서도 이성적으로 침착하게 행동하고 나면 스스로 뿌듯한 기분이 들면서 '좋았어! 후후, 나 꽤 잘한 것 같아' 하고 칭찬하고 싶어집니다. 우리의 사고는 언제나 '이상적인 나'와 '현실의 나' 사이를 왔다 갔다 하는데, 그것이 딱 일치했을 때 자신을 신뢰할 수 있게 되거든요. 이렇듯 의식하지 못하는 순간에도 항상 자신감 저축을 하고 있는 것이죠.

반대로, 자신의 미학이 없는 사람은 즉흥적으로 거짓말을 하거나, 태도가 시시각각 변하거나, 권력에 휩쓸리기 쉽습니다. 게다가 뿌리가 단단하지 못하기 때문에 스스로 불안할 때도 많고, 주변 사람들로부터 신뢰도 받지 못합니다.

미학이라 해서 꼭 반짝반짝 빛나는 성공 경험이나 칭찬받는 것이어야 하는 건 아닙니다. 오히려 그 반대예요. 잘 되지 않을 때, 슬프거나 고독할 때, 절망에 빠졌을 때 '나 자신의 과제를 어떻게 바라보아야 하는지' '나는 어떤 사람이고 싶은지'에 대한 미학이 필요합니다. 어떻게 하면 좋을지 고민될 때, 어떤 선택을 해야 할지 망설여질 때일수록, 미학은 우리를 더 든든하게 지탱해 줍니다.

또, '내 뜻만 밀어붙여선 안 되겠구나' '사람을 겉모습으로 판단해서는 안 돼' 등 인생을 살아가며 발견한 미학은 강한 설득력을 발휘하며 나만의 무기가 됩니다. '이 사람 참 멋지구나' '저렇게 사는 모습도 참 좋네'라고 생각되는 사람을 발견하는 것도 삶을 대하는 감성을 갈고닦는 기회가 될 것입니다.

단, 괴로움에도 불구하고 '참고 견디는 것' '순종하는 것' 등 시대착오적 미학을 고수하는 사람도 없지 않습니다. 만약 위화감을 느낀다면 자신의 기존 생각이 잘못됐을 가능성을 의심해 볼 필요가 있습니다.

'이렇게 하고 싶다'라는 자신의 미학을 갖고 행동하다 보면, 자연히 자신감이 차올라요. 그러다 보면 자신의 세계관에 맞는 편안한 장소나 인간관계도 만들 수 있습니다.

'나는 이게 좋아'라고 받아들이는 마음이 있으면, 후회 없는 일상, 후회 없는 인생을 살 수 있지 않을까요?

✓ 내 안에 미학이 있으면, 매력이 겉으로 넘쳐흐릅니다.

> 행복을 느끼는 힘

# 46

# '나는 훨씬 더 멋지다'라고 믿고 행동하자

**나를 좋아해 주는 게 고마워서 끌려다니게 돼요**

20대 때의 일입니다. 연애에 자신이 없던 저는 한 여성에게 이렇게 한탄한 적이 있습니다.

"하, 저는 얼굴이 예쁜 것도 아니고 요리도 못하고 할 줄 아는 스포츠도 없어요. 여성스러운 섬세함이 있나 하면 그것도 아니에요. 그러니 이런 나를 누가 좋아하겠어요."

그때 그녀가 정색하며 해 준 말을 지금도 잊을 수가 없습니다.

"이게 무슨 소리래. 자기 자신을 좋아하지 않는 사람을 남이 어떻게 좋아해? 좀 더 자신감을 가져봐. 나는 말이야. 나와 사귈 수 있는 사람은 운이 좋다고 생각해. 왜냐, 나와 함께 있으면 반드시 즐거울 거고 나는 내 파트너가 하고 싶어 하는 것을 지지해 줄 거니까.”

그녀는 예쁜 얼굴은 아니지만 언제나 밝고 당당했고, 남녀를 막론하고 누구에게나 인기가 있었으며, 결국 모두가 인정하는 멋진 사람과 결혼도 했습니다. 자기 자신을 믿고 있었기 때문에 마음껏 적극적으로 행동할 수 있던 것이죠.

이에 비해 '나 같은 게 무슨…'이라며 자신감이 없는 사람은 자신에 대한 평가도 놀랄 만큼 낮아요. 따라서 좋아하는 사람이 나타나도 '어차피 안 될 텐데' 하며 애초에 포기하고는 가까이 다가가지 않습니다. 아니면, 자신이 행복해질 수 없는 연애 상대인데도 '나를 좋아해 주는 사람이 별로 없어서'라며 질질 끌려다니기도 합니다.

멋진 사랑을 하고 싶다면, 사랑받고 싶다면, 가장 먼저 자기 자신을 좋아해야 해요. 그러면 겉모습과 표정, 말투, 타인을 대하는 태도까지 달라집니다. 자기 자신이 좋든 싫든, 나라는 존재와 평생 함께해야 하잖아요. 그렇다면 '나는 내가 좋아'라고 말하는 편이 당연히 즐겁지 않겠어요?

## 당신 삶을 더 좋게 만들 수 있는 사람은 당신뿐입니다

일을 할 때도 마찬가지입니다. 자신을 높이 평가하고 있으면 적극적으로 행동하게 되어 목표 달성이나 업무 실적 향상, 동료들의 신뢰 같은 긍정적 결과도 따라와요. 반대로, 자신감 없는 사람은 일할 때도 패기나 끈기가 전혀 없어요. 자신을 믿지 못하는 사람은 무엇을 하더라도 미온적이고 소극적으로 행동해 결과적으로 인생의 다양한 일들이 잘 풀리지 않기도 합니다. 좀 냉정하게 표현하자면, '우리가 인생에서 얻을 수 있는 것은 딱 자기 자신을 믿는 그만큼이다'라고 생각합니다.

'나는 훨씬 더 멋진 사람이다'라고 믿어 보세요. 내가 '갖고 있지 않은 것'보다 '가진 것'에 시선을 돌려보세요. 그래서 누가 뭐라 하든, 나만큼은 나의 가치와 가능성을 끝까지 믿고 당당하게 행동하자고요. 나를 믿을 것인가 믿지 않을 것인가, 어느 쪽을 선택하든 본인 자유입니다. 그러나 '이 일을 할 수 있을까?' '사람들과 잘 지낼 수 있을까?' '연애를 할 수 있을까?' '목적을 이룰 수 있을까?' 등으로 불안감을 느낄 때는 부디 자신을 믿는 쪽을 선택하면 좋겠습니다. 당신은, 당신이 될 수 있는 최고의 자신이 될 수 있으니까요.

 자신감을 갖는 것은 특별한 게 아니라 오히려 무척이나 자연스러운 일입니다. 자기 인생의 핸들을 두 손으로 꽉 쥐고, 가고 싶은 곳으로 자유롭게 나아가는 것입니다.

 마지막으로, 어차피 가야 할 인생길을 보다 기분 좋고 즐겁게 가기 위해 가장 중요한 자신감을 소개할게요. 그것은 바로 '행복을 느끼는 힘'입니다.

 우리는 언제나 자유롭게 행복을 느낄 수 있습니다. 올해도 만발한 벚꽃을 본 것, 맛있는 음식을 만들어 먹은 것, 좋은 음악을 들으며 즐거웠던 것, 다른 사람에게 친절히 행동했던 것, 배려를 받은 것, '감사하다'는 말을 들은 것, 아름다운 것을 아름답다고 느낀 것, 마음껏 웃은 것, 지금 여기에 살고 있는 것에서 행복을 느꼈습니다.

 이처럼 행복이란 얻는 게 아니라, 느끼는 거예요. 지금도 행복은 우리 가까이에 있으며, 언제든 눈을 돌리면 '행복하다' '감동이다' '고맙다'라고 느낄 수 있어요. 그렇지만 위축되고 마음에 여유가 없는 상태라면 이 감수성은 둔해집니다.

행복을 느끼는 습관과 '나는 나를 행복하게 할 수 있다'라는 자신감과 긍지가 있으면 두려울 게 없습니다. 이제 남은 것은 자신의 길을 믿고 걸어가는 것뿐입니다.

당신의 인생 여정이 콧노래를 흥얼거리듯 언제나 유쾌하기를 바랍니다.

✓ 가장 큰 자신감은 '지금까지 살아온 것' 그 자체입니다.

### 단단한 삶을 위한 자신감 저축

**펴낸날** 2025년 9월 5일 1판 1쇄

**지은이** 아리카와 마유미
**옮긴이** 윤경희
**펴낸이** 金永先
**편 집** 박헤나
**디자인** 김리영

**펴낸곳** 더페이지
**주 소** 경기도 고양시 덕양구 청초로 10 GL 메트로시티한강 A1-2002호
**전 화** (02) 323-7234
**팩 스** (02) 323-0253
**출판등록번호** 제2-2767호

**ISBN** 979-11-94156-26-0 (03190)

> 더페이지와 함께 새로운 문화를 선도할 참신한 원고를 기다립니다.
> 이메일 dhhard@naver.com (원고 투고)

- 이 책은 저작권자와의 계약에 따라 발행한 것이므로 본사의 허락 없이는 어떠한 형태나 수단으로도 이 책의 내용을 사용하지 못합니다.
- 파본은 구입하신 서점에서 교환해 드립니다.